「風の電話」とグリーフケア

こころに寄り添うケアについて

矢永由里子・佐々木　格　編著

風間書房

この本を、２０１１年3月11日東日本大震災で犠牲になられた方々とその関係者の方々、
そして、大切な方を失い悲しみのなかにある全ての方々へ捧げます。

まえがき　「風の電話」――グリーフワークをひもとく

「風の電話」による想いをつなぐとはどの様なことなのでしょうか。

私は、「線のつながっていない電話なんか意味がない」とか「亡くなった人と話が出来るわけがない」という方たちに次のように話しています。

「あなたは、少し前まで楽しくお話をしていた最愛の人が突然亡くなり、この世からいなくなることを想像したことがありますか。失われた生命は、どんな手段と努力とをもってしても取り戻すことはできません。そして、亡くなったのだから後はその人とは想いをつなぐことは出来ないのだとなると、遺された人たちにとって残るのは絶望感だけです。しかし、亡くなってもあなたの身近な所にいて何時でもつながることが出来るという希望の光を見つけることができたなら、あなたは生きていく上でどれほど力づけられるかを理解できるはずです。そのためには、感性と想像力が必要なことだということが分かると思います。また、遺された人たちが死者に寄り添うことで、自分が生者として今を生きているということを実感することができると思います。そして、亡くなった方が自分を見守ってくれているという安心感が、大切な人を失ったグリーフからあなたを慰め、励まし、癒してくれると思います」

「風の電話」が心のインフラだと言われるゆえんは、このように逢えなくなった大切な人と、想いをつなぐことができるというところにあります。そして、深い悲しみの中にある人が本来自分自身の持っている生命力を取り戻すため、自らが主体的に行動することを促していくところでもあります。

グリーフを抱えた方が亡くなった相手に黒電話で話しかけ、自分の心との対話により自責の念や混乱して思考を停止させている壁を取り払い、考えを整理することにより自分自身を納得させるのです。「風の電話」はその際、周囲の自然環境の力も借り、精神の安定と癒し感覚を全身で感じ取る「場」なのだと考えています。その結果、人々は自らの力で自然治癒力を呼び覚まし、喪失後のグリーフ状態から将来へ向け、〝生きる〟という意識の向け換えが出来たと実感できるのではないでしょうか。また、それらの過程でケアの専門家や周囲の人々の寄り添いやアドバイスも必要としますが、自らの力で悲嘆に伴う悲しみや苦しみを克服できたのだと感じることが大切であり、そのことが生きようとする意志を自分がしっかりとコントロールできるようになるのではないかと考えます。

2作目となる今回の作品は、「風の電話」を訪れる人たちに焦点を合せたものにしようと考えていました。1作目執筆時より構想にあったものです。

震災から7年間に亘り、「風の電話」を訪れ、心の叫びをノートに書き残した人たちの心の軌跡を、臨床心理に関わる先生方の力をお借りして解析することで、人々のグリーフの状況を時系列で把握し、私個人の感性だけで活動してきた「風の電話」による「こころに寄り添う」というケアの全容を明らかにできればと思ったからです。そしてそれが、今後のグリーフケアに携わる人たちに、一つの実践例として多少なりとも参考になればと考えています。そうなって初めて、「風の電話」が一時的な話題でなく、グリーフを乗り越えるための真に活きた活動になると思っています。

本書は、慶應義塾大学医学部感染制御センターの矢永由里子先生をはじめ、風間書房の風間敬子社長、認定ＮＰＯ法人「心の架け橋いわて」の鈴木満理事長を始めメンバーの皆さま、京都府在住精神科医の浜垣誠司先生や米国精神科医 Craig Dyke 先生、ハーバード大学教授の Ian Miller 先生、若手の臨床心理士のお二人、そしてＮＨＫ仙台放送局の横山友彦・占部綾ディレクター等々各分野で活躍されている皆様、そして私たちのインタビューに快く応じていただいた被災者の皆様のご協力で刊行することが出来ました。心より感謝申し上げる次第です。ありがとうございました。今後とも変わらぬご指導をよろしくお願いいたします。

２０１８年８月

佐々木　格

目次

風の電話

佐々木　格

人は皆過去を持ち
現在があって未来がある
又その時々に出会いがあり別れがある
風の電話はそれらの人々と話す電話です
あなたは誰と話しますか
それは言葉ですか文字ですか
それとも表情ですか
風の電話は心で話します
静かに目を閉じ
耳を澄ましてください

イングリッシュガーデン

風の音が又は浪の音が
或いは小鳥のさえずりが聞こえたなら
あなたの想いを伝えて下さい
想いはきっとその人に届くでしょう

「風の電話」（2018 年 8 月撮影）

序章　「風の電話」におけるグリーフケアについて

矢永　由里子

第1節　グリーフケアについて

1、グリーフとは

喪失という言葉から、私たちは何を思い浮かべるだろうか。一人ひとり、思い浮かべるものは違うだろうが、この経験を全く味わったことがない人はいないだろう。そして、喪失による悲しみは、文化や国境を越え万人に共通する想いである。

人生の旅路のなかで、人は様々な喪失を重ねていく。大切な人の死、愛おしいペットの死、自身の身体機能の一部や将来の夢や希望の喪失……。人生の色々な局面で、事故や災害、自死や戦争により私たちは愛するものを失う。そして、その喪失によって悲しみや絶望を経験する。そのような気持ちは、悼みや悲嘆（グリーフ）とも言い表わされる。胸のうちに様々な感情が湧き上がり、そのうねりの強さに圧倒され、混乱や戸惑いも覚える。喪失体験への人々への反応も様々である。じっと胸のなかに秘め、ひっそりと耐え抜く人。喪失によるショックの大きさにその事実を記憶の外へと追い出そうとする人。身体的な症状へとその衝撃が表れる人。一人ひとりが、自身の喪失に対し悲しみや傷つきを抱えながら、その喪失に対峙していく。そのありようは、一時的な単発の反応ではなく、時間の経緯とともに様相を変えながら連なりあい、そして流れていくと考えられている。悲嘆のプロセス（過程）とも言われる。プロセスという言葉には、「時間の推移」と、「変容」という意味が含まれる。喪失による大きな痛手とそこから湧き上がる数々の気持ちのありようが時間とともに徐々に変化していくということは、これまでのグリーフの研究でも指摘されている（註1）。では、実際に、長い時間をかけて心理的な変容はどのように起こるだろうか。そして、悲しみに打ちひしがれる人を前にしたとき、私たちは援助者としてどのようなことができるのだろうか。

２０１１年3月11日、東北地方太平洋沖に未曾有の大規模震災が発生し、震災、津波、火災によって多くの尊い命が失われた。東日本大震災である。その自然災害の猛威に、私たちは人間存在の儚さ《はかなさ》やもろさを嫌と言うほど思い知った。その突発的な発生と甚大な被害に、人々は強い衝撃を受け、泣く余裕すらない状況であった。また、津波やがれきの被害によって遺体が見つからない被災者も多く、愛する人の死を直接確認することなく遺族となり、喪失が宙に浮いたような経験をしている。この世から大切な人が亡くなったという実感を持てず、ずっと遺体を探し求めている人も少なくない。「防波堤の工事が始まると、つい見に行ってしまう。家族が見つかるんじゃないかと思ってね」と町役場の休憩所で友人と話していた住民の方の言葉を思い出す。どこかで生きているのではという微かな希望と亡くなったのかもしれないという絶望が交差する状態の日々、この状態は「曖昧な喪失」とも言われている（註2）。「喪失」という言葉一つを取っても、被災の体験は千差万別であることを思い知らされる。

2、グリーフケアと「風の電話」、そして本について

ケアとは、「世話」という意味合いの名詞であると同時に「ケアを行う」という動詞でもある。そこには援助者側の積極的な行動や働きかけ、そして展開が含まれる。これまでに、被災地でのグリーフケア活動として、様々な団体が現地に入り、住民の甚大な喪失に寄り添い、話に耳を傾けた。一人一人の語りを大切に聴き取る活動が活発に行われた。メンタルヘルスの専門家からボランティア団体まで多くの活動家が、避難所や仮設住宅を含む住居地区を訪れ、個別に住民の声にじっくり向きあった。また、仮設住宅のサロンの場で、住民と手芸や料理などの活動を一緒にやりながら、住民との話を交える活動に取り組んだ。

一方、岩手県大槌町の浪板の丘に立つ電話ボックス、「風の電話」は、自らが動くことはない。三陸海岸を見渡す丘のうえ、遠くまで広がる空を背景に立っている。丹精に育てられた花々が、「風の電話」の光景に彩りを添える。静寂があたりを包み、時折鳥の囀りが耳に届くくらいで、優しく吹く風の音さえ聞こえるような気がする。この静謐さに包まれると、筆者は、ひんやりとした澄んだ冷気が漂う聖堂のなかにひっそりと一人佇んでいるような気持ちにもなったりした。

新幹線の新花巻駅から、有に車で2時間、ローカル線とバスを乗り継げば3時間ほどかかるこの場所に、全国津々浦々から、そして世界から人々が「風の電話」の丘を目指し訪ねてくる。震災直後から現在まで、その訪問は途切れることがない。

何も語ることもなく静かに丘に佇むこの「風の電話」に、なぜこれほど多くの人が惹きつけられるのだろうか。人によっては複数回、この場を訪ねている。文化や言語を越え、様々な人々をこの場へと引き寄せるものとは何なのだろうか。「風の電話」は、何を訪問者にもたらしているのだろうか。

今回、「風の電話」を立ち上げた佐々木さんから、ここを訪ねた人たちが記していったメッセージを中心に、風の電話の活動について何かまとめてもらえないかという打診を受けた。自分たちの活動を心の支援に当たる若い人たちに役立ててもらい、今後のメンタルヘルスにも活かしてもらいたいという言葉も添えられた。

これまでも、自分たち精神保健に携わる人間に、佐々木さんは自身の活動に参加する機会を色々提供してくれた。「風の電話」と同じ敷地にある森の図書館（『風の電話』註3参照）で開催

震災遺児のための「大槌里親の会」でピザを焼く佐々木ご夫妻（森の図書館にて）

コーヒーラウンジ

いても、一緒にピザを焼く場にいて、遺児や養子縁組をした家族とそれとなく話してもらえないかという声かけをもらった。「人の心が癒やされるとはどういうことだろうか」ということについて、「風の電話」のボックスの近くのコッテージ風のコーヒーラウンジ「GARDEN CAFE EVER GREEN」（写真）で、奥さまが入れてくださった美味しいコーヒーを飲みつつ色々話し合ったりもした。目には見えないが重要な心のケアやグリーフケアのあり方について、援助者はどのような姿勢を持てばよいか、「風の電話」の取り組みの意味とはどういうものかなどについても日が暮れるまで語り合った。

今回は、「風の電話」を訪れる人たちの体験を、黒電話の傍のノートに綴られたメッセージや主に筆者によるインタビューの内容をもとに、その個別的な体験を大切に紐解き、そこから見えてくるものを整理してみたいと思う。同時に、「風の電話」の活動に関わった精神保健の専門家として、佐々木さんの活動を通しグリーフケアのあり方について検討を加えたいと思っている。個別的な経験への理解と、「風の電話」のあり方と役割の考察という二本の糸が重なったところに、前述した素朴な質問、「なぜ、これほどまでに多くの人がこの場に惹きつけられるのか」への答えを見出すきっかけを得ることができるかもしれない。また、今回の作業を通し、悲嘆に暮れる人々への精神保健分野の援助のあり方についても様々なヒントと学びを得ることができるかもしれないと考えている。

佐々木さんには、前回の本『風の電話』を執筆した時から今までの間に「風の電話」で起こったことを中心に、「風の電話　その後」として、訪問者の方々の様子を紹介してもらった。そこには、新たな出会いから生まれた「人はなぜ生きるのか」という問いかけとその思索も含まれている。佐々木さんの活動の継続性や新たな展開を読者の方々に知っていただけたらと思う。

第2節　「風の電話」の成り立ちとその場を訪ねる人々

1、「風の電話」とは

「風の電話」がどうして立ち上がったかについては、佐々木さん著書の『風の電話』にその経緯が詳細に書かれている。（ご興味をお持ちの方は、まずこちらから読み進まれることをお勧めしたい。）

今回は、本書を先に手にした読者の方へ、簡単にこの「風の電話」の成り立ちについて佐々木さんの本の内容を踏まえながらまず簡単に説明したい。

いつ、どのようなきっかけで作られたか

佐々木さんに良く投げかけられる質問だが、「風の電話」の発想は、佐々木さんの親しい従兄の闘病とその死がきっかけである。それまで電話ボックスをイングリッシュガーデンのオブジェとして使用するつもりでいたが、従兄の病と死を経験して「亡くなった人への想いを伝える」ものとして活用することに佐々木さんは思い至ったという。愛おしい人を亡くしたとき、遺族がその人とその後もつながりたいと思ったときにそれが叶う場として、「風の電話」のあり方を考えるようになった。従兄の死の悲しみを胸に、「風の電話」を祈りの場となればという願いで着工し、東日本大震災によって一時的に中断を余儀なくされたが、その後２０１１年4月末に完成させた。その後、佐々木さんはこの電話ボックスと庭を個人のものから、震災で大切な人を亡くした住民が誰でも訪ねて来れる場へと解放した。

電話ボックスの配置

この電話ボックスは、熟慮の末に現在の場所に置かれている。一人の人が意を決してそっと訪ねるときに迷わず行けるところ、その途中で人の目を気にすることなく辿りつけるところ。そして、その人が自分の想いを声にし、時に大きな声で泣いても周りを気にする必要がないところ。佐々木さんは画家でもある。全体の構図を考えながらキャンバスに絵を描いていくように、「風

の電話」も周到にあるべきところに配置されている。

2、「風の電話」を訪れる人々

様々な人が、それぞれの思いを胸に持ちながら、この遙か三陸の海辺の所まで、道に迷いつつ訪ねてくる。

そして、ようやく「風の電話」が視界に入ったとき、「たどり着いた」という安堵の気持ちと、「ついに出会えた」という感動で風の電話をじっと見つめる。一歩一歩「風の電話」へと歩を進め、小川を渡り、ベンチに近づくなかで、色々な気持ちが自然と湧き上がるのを感じる。

訪ねてきた人は、一瞬にしてこの「風の電話」が意味するものを理解できるようだ。そして、このボックスに近づくにつれ、その意味を益々確信していく。この場所には肌も言語も文化も異なる人たちがやってくるが、その意味合いを説明するのに言葉はいらない。ちょうど、素晴らしい絵画は、言葉は要らず、観る人の感性によって理解が進むのと似ている。実際にここを訪ねた若いデンマーク人の女性に、本人の訪問の経験がどういうものであったかを直接尋ねてみたことがある。彼女は自国で劇場の舞台演出を手がけているとのことだった。彼女は、「一瞬にしてこの光景を理解することができた。小川、そこに架かる橋、ボックスの傍に添えられたベンチ、そして、電話。すべてにメッセージがあり、それを読み解くことは自然とできた」と答えた。彼女は数年前に数ヶ月日本に留学生として滞在した経験を持つが、今回は「風の電話」を訪ねるためにデンマークからこの大槌の地を訪れたという。

ただ、全ての人がすぐに電話ボックスのなかに入れるかというと、そうではないようだ。「風の電話」のボックスの前で立ち止まり、なかなか中に入れない人、意を決して電話ボックスの扉に手をかけ、電話器を手に取る人、その光景も様々である。その人の心象が目に見える形で顕れる場面でもある。

この電話ボックスのなかに、一冊のノートが黒電話の横に置かれている。

このノートへの反応も人それぞれである。一体誰がどのような想いで、自分と同じようにこの長い道のりを辿ってきたのか知りたいと、ページを繰りながらメッセージを読む人もいれば、自分の想いを一字一字丁寧に綴る人、大切な人の写真をノートに貼り付ける人など。実際に電話で話した体験も綴られている。その体験は、一人ひとり異なり、訪問者の長年胸に秘められていた想いなども率直に綴られている。

ノートの内容については、次の第1章に、訪問者の背景が分からないように配慮しながら、その内容をまとめてみた。ノートから分かる範囲のためまとめには限界があるが、それでもいかに様々な場所から一人一人が色々な想いや願いを持ち「風の電話」を訪ねてきているかを具体的に知る機会になるだろう。「風の電話」が人を惹きつけて止まないその魅力についても理解が進むかもしれない。

また、ＮＨＫスペシャル「風の電話～残された人々の声～」番組の制作者、ＮＨＫ仙台放送局ディレクター、横山友彦氏と占部綾氏（以後、横山氏らとす）によるインタビュー資料の一部も活用させていただいた。

「風の電話」を訪れる人について、二つの特徴をここで触れてみたい。

「語り合う」という感覚

訪問者はみな、電話器に線がつながっていないことは重々知りつつ、多くの人は亡くなった愛おしい人と「語り合っている」という感覚を持っている。

「自分の声は届いている」、そして、「相手にその声が伝わっている」という感覚を共通して持っている。相手に自分の想いを自分の言葉で「伝えた」と実感を持っている。相手の存在を感じ取る人もいる。そして、その相手からも「自分に何かを伝えようとしている」という感覚も持ったりする。

これは明らかに、交信であり、交流である。それも頭での理解というより、全身の感覚で感じ取る「体験」として、リアルに受けとめている。そう、ちょうど、亡き人とのキャッチボールのような感覚である。この交流という双方向の流れが、「風の電話」の場で起こっているようだ。もちろん使用言語は異なることもある。日本語（方言も含め）、英語、ドイツ語など。様々な言語が受話器から発信され、またそれらの言語が戻ってくる。そのような場として、訪問者は経験を持ち続ける。

そこには、「場の力」というものがとても大きいものであるように思う。ここで言う「場」とは、「風の電話」のボックスのなかだけでなく、佐々木ご夫妻が心を込めて作っていったイングリッシュガーデンの場であり、そこに生き生きと咲き誇る四季の花々であり、遠く広がる海と空であり、風である。このような複合的な場というものと、そしてこの場を守り続ける佐々木ご夫妻の存在そのものが大きな力として、一つの「場の力」を形成しているように思われる。佐々木さんの願い——こころの傷を負った人が、周囲の目を気にせず、そっと来れて、自分の気持ちを語ることができる場を提供したい、そのような人たちのこころに寄り添いたい——が、この「風の電話」という舞台を支えているように思われる。

「自ら、出向く」行為

「風の電話」を訪れるには、大きな決心がいる。「ついで」では訪れることができない場所にある。目的地をしっかりと目指して向かわなければ辿りつくことが難しい路程がある。「訪ねよう」と思い立つところは千差万別である。ヨーロッパから遠く日本まで「行こう」と決める人もいれば、大槌の町で「隣の浪板へ向かおう」と決断する人もいる。本人と「風の電話」の地理的距離には差異があっても、「自らが決めて、行動に移す」という行為は、共通している。そして皆、カーナビも全く歯が立たない「風の電話」の場所を探し求めて、「私の旅」を始めるのである。この地に到着したとき、「途中、迷ってどうしようかと思いましたが、諦めなくて本当に良かった！」と笑顔で語る人も少なくないと佐々木さんは話す。そういう筆者も、何度も訪ねているはずなのに、友人や同僚を連れていくとき、「無事に着くだろうか」と途中で不安になり、丘の先に「風の電話」が見えたときはホッとする経験を繰り返している。まるで、「しっかりと意思を持っていらっしゃい」と「風の電話」から言われているようだ。

訪問者は「風の電話」を訪れるためには、いつ、どのような方法で向かうか、道順はどうなっているのかなど周到な準備と下調べが必要になる。また自らに、本当にそこへ辿り着きたいのか、本気でそこに行きたいのかと問いかける。人によっては、この部分にかなりの時間を要する場合もあるだろう。期待と不安、不安と躊躇、躊躇と期待と逡巡とする時間を持つこともあるだろう。そして、ようやく、「風の電話」に向けて意識を整え、具体的な日程と道程を確認する。この行為が始まるとき、その時が、「風の電話」への「私の旅」の第一歩であるように思う。

本書は、まず、ノートに綴られたメッセージを扱うところから始めたいと思う。

「なぜ、このように人は『風の電話』に惹かれるのか」の糸口を、このノート、そして次に続く筆者が行ったインタビューの記録から読み解くことができればと思う。文字という形ではノートに残さなくても、「風の電話」のボックスのなかに自分の想いをそっと置いていったであろう多くの方々の心情にも思いを馳せながら。

第1部　「風の電話」を訪れる人々について

——なにが人々を惹きつけるのか

第1章 「風の電話」を訪れる人々

第1節 「風の電話」を訪れる人々について

井上　志乃

1、ノートについて

電話ボックスの中には、誰でも自由に書き込むことのできるノートが置いてある。A5判のノートは「風の電話」が設置された当初から備え付けてあり、現在5冊目に突入している。特に1冊目は、表紙は色あせ、ノートを留めるリングは取れかかっており、多くの人がこのノートを手に取った痕跡が見てとれる。

ノートをめくると、日本国内からだけではなく、海外からも「風の電話」を訪れていることがわかる。そのため、日本語だけではなく、英語やドイツ語も見られ、「風の電話」の広がりを感じることができる。

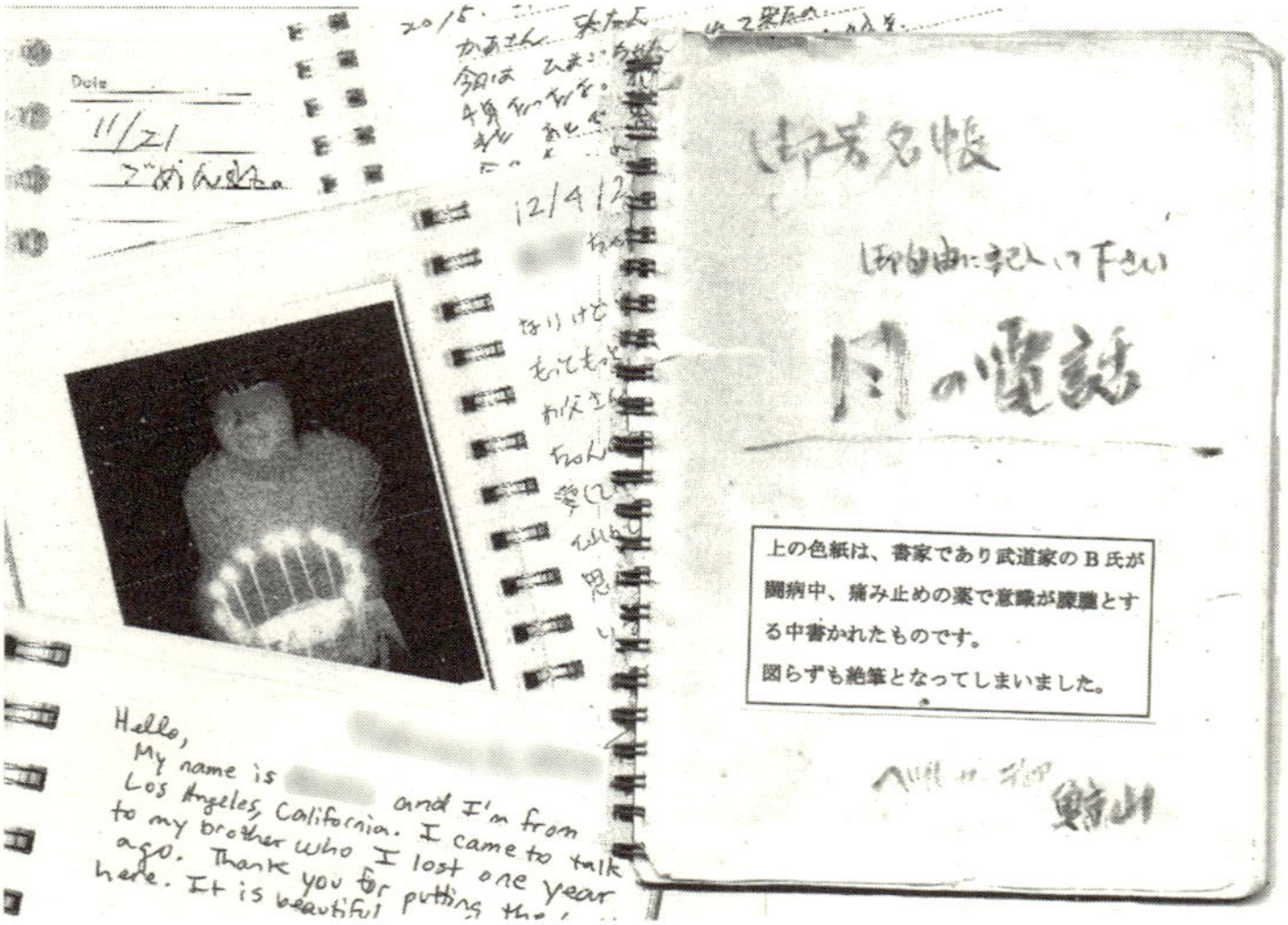

そして、そこには老若男女、幅広い年齢層の方々のメッセージが残っている。たとえば、文字を覚えたての子どもだろうか、大きな文字で一生懸命想いを伝えているものもあれば、「あなたの娘を守る」と達筆な文字からその決意が伝わってくるものもあった。また、「ごめんね」と一言だけ書かれているものもあり、その文字からはやっとの思いでメッセージを書き込んだのではないかと想像される。他には「母さん！」から始まり、手紙のように、大切な人へ語りかけるように書かれているものもあれば、長いものでは1ページにわたって書かれているものもあった。そして、言葉だけではなく、誕生日の時に撮ったものか、ロウソクが立ててあるケーキの前で笑顔を見せる女の子の写真が貼ってあったり、家の絵が描いてあったり、様々

な形で別れの悲しみや切なさ、これからの決意などを大切な人へ表現しその想いを伝えている。そしてノートを追うごとに、内容に少し変化が見られた。１冊目には、東北大震災に関する書き込みが多く、ボランティア活動や被災地訪問の記録も書かれていた。しかし、２冊目、３冊目となるにつれて、震災以外の話題についての書き込みも増えていった。たとえば、病気で大切な人を亡くした悲しみや、自死遺族の抱える辛さなど、様々な背景を持った人が「風の電話」へ足を運び、その想いをノートへ書き込んでいた。

では、どのような背景を持った人が、それぞれの期待を胸に「風の電話」を訪れ、ノートに書きこんでいるのだろうか。今回は２０１１年から２０１７年の間に書き込まれた、４冊分のノートに書きこまれた全９７４のメッセージを詳細に見ていく。

2、「風の電話」を訪れる人々

(1) 地域

人々はどこからこの「風の電話」を訪れているのだろうか。訪問者の一部ではあるが、地域が明記されているものを集計してみると、北海道8名、東北73名、北関東7名、南関東１０６名、甲信越9名、東海41名、近畿40名、中国8名、四国1名、九州21名ということがわかった。東北大震災の被害を受けた東北地方はもちろん、日本各地から「風の電話」を訪れている。それに加え、アメリカ、オーストラリア、ドイツ、フィリピンから計19名がノートにメッセージを残している。国や地域を越え、「風の電話」が人々を惹きつけていることがわかる。

(2) 初めての「風の電話」

「風の電話」を訪れていたのは老若男女、幅広い年齢層の人々だった。祖父母へ「未来で会おう!」とノートに書きこんでいた小学生もいて、大人に限らず、子どもも電話で想いを伝えている。

訪れている人の多くは、親や子ども、友人やパートナーなどを亡くしていた。その背景も様々で、震災を始め、病気、事故、自死など多岐にわたっていた。先の大戦においてフィリピンで戦死したり、シベリア抑留で亡くなった父を偲び、「風の電話」でそれまでの長年の想いを伝える人々もいた。また、今回の地震で行方不明になったままの状態で、自分の大切な人をずっと探し続けている人たちもいた。一方で、親の臨終には間に合わないと覚悟をしている人、存命ではあるが何らかの理由で会えない母親へ語り掛けようとする人など、話したいけれど話せない人へ気持ちを伝えようと「風の電話」を訪れる人たちもいた。

来訪する機会も様々ではあるが、震災が発生した3月11日や、「昨日が夫の命日」、「今日は母の日」など、大切な人にまつわる日に訪れている人も多く、震災や大切な人を忘れないために

「風の電話」を訪れる人もいた。中には、50年前に亡くなった友人へ電話をかけにきている人もいて、時間が経っても本人のなかに大切な人への想いがずっと在ることを感じさせられる。

3、様々な想いを胸に「風の電話」を訪れる人々

「風の電話」へは、旅の途中で立ち寄る人もいるが、その多くは「やっと来ることができた」や「ずっと来たかった」と強い動機を持っていた。訪問者は「風の電話」に何を期待し、はるばる大槌まで足を運ぶのだろうか。ノートに綴られたメッセージを通し、その想いや動機について見ていきたい。

(1) 大切な人の声を聴きたい、会いたい、感じたい

多くの人々が大切な人の「声が聴きたい」、「話したい」と願い、受話器を取っていた。また、大切な人に「会いたくて来た」人もいれば、大切な人を感じたいと「風の電話」を訪れている人もいた。

(2) 想いを伝えたい

「心の中で呟くだけでは（想いは）届かない」と感じ、電話で気持ちを直接伝えたいと訪れる

人もいる。その伝えたいものとは、生前伝えられなかった想いであったり、現在の生活の様子の報告、これから自分は頑張っていくという宣言に近いものなど様々であった。それに加え、多くの人が、亡くなった大切な人が安らかでいて欲しい、自分たちを見守ってほしいという願いを自分の言葉で伝えていた。具体的な内容について、左記にまとめてみた。

① 生前伝えられなかった想い

「幸せをありがとう」と今までの感謝や、「何もできず、申し分けなかった」、「助けられなくてごめん」など、詫びている人もいた。その中には、喧嘩したまま離れ離れになってしまい、「今、ここで謝りたい」と詫びの言葉を語る人もいた。多くの人が、生前伝えられなかった言葉を思い思いに電話で伝えていた。

② 未だ行方不明の家族、友人への想い

先の大震災では津波の被害も大きく、今もなお行方不明になっている人も多い。「大切な人はどこにいるのか」と探している人もいた。そして、未だ行方不明になっている人に宛てて「どこにいるの」、「帰ってきて」と語りかけていた。

③ 生活の様子

大切な人が去った後、どのように過ごしていたのかを報告している人も多かった。「家を建てた」と震災後の復興の様子を伝えていた。また、「みんな元気だよ」と家族の様子など日常の一つ一つの出来事や、「結婚したよ」、「孫が二十歳になった」など人生の区切りのイベントを報告し、多くの人が「天国から（その様子を）見守って」と亡き人に語りかけていた。

④　**決意表明**

大切な人を失った悲しみに暮れていたが、前に進むために「踏ん切りをつけたい」と思い、「風の電話」を訪れている人もいた。悲しみや寂しさを抱えながら、「これから強く生きたい、生きていく」と伝えていた。

「あなたの分まで生きます。見ていて下さい」、「生きて頑張ると誓いを立てた」、「あなたに恥じないように生きる」というような決意表明の文章も見受けられた。

（３）今回の震災で被災した人々や東北の復興を想う

「風の電話」は、東北大震災で被災した岩手県大槌町にあることから、震災に関する記述が多く見られた。被災の経験に関わらず、多くの人が亡くなった方々へ「安らかに」と語っていた。また、震災後に変わってしまった東北へ、「かつての美しい姿を取り戻してほしい」、「何か力になれれば」と被災者の「心の復興」と東北の復興を願っていた。

（4）ガーデンに訪れてみたい

メディアを通し佐々木さんのガーデンの美しさは伝えられており、テレビなどでその場面を見た多くの人は、1度は訪れてみたいと思ったようである。ガーデンは街中から離れており、なかなかわかりづらい所に位置するため、迷う人も多い。やっとの思いで辿り着くと、そこに佐々木ご夫妻による綺麗に手入れされたガーデンが広がり、多くの人が四季折々の美しい花々に深い感動を覚えている。

観光として訪れる人もいれば、震災による町並みや生活環境の激変から一時的に逃れ、平和で静かな時間を過ごすためにガーデンを訪れる人もいた。ガーデンの美しさに心を打たれ、「今後も季節ごとに訪れたい」と記す人もいた。

4、まとめ

以上のように、さまざまな背景を持った人が、それぞれの想いを胸に、「風の電話」を訪れている様子が見受けられた。ここでは、「風の電話」を訪れる動機を大きく4つに分類してみた。確かに、そのような明確な動機を持って訪れている人もいるが、一方で明確な動機はないが「いても立ってもいられずに来た」人や、何かに引き寄せられるような形でこの場を訪れている人も多かった。大切な人を亡くした人々は、辛い今を変える糸口のようなものが何か見つかればという希求を抱きつつ「風の電話」を訪れているのではないだろうか。そして、「風の電話」がその〝何か〟を提供できるからこそ、リピーターが生まれ、今もなお、「風の電話」が広がり続けているのではないだろうか。

次節では、「風の電話」の訪問を通し、人々がどのような体験をし、何を感じ取っているのかを見ていきたい。

第2節 「風の電話」の体験について

塚本 裕子

大切な人を想い、その人に会いたい、伝えたい、「何か」を感じたい、といった期待を胸に、「風の電話」を訪れる人々が大勢いることは前節で述べた。では、訪問した人々は、「風の電話」で実際にどのような体験をしているのだろうか。

以下に、訪問者の経験を、ノートのメッセージと横山氏らのインタビューの記録からまとめてみた。

1、初めて「風の電話」を訪れる

(1) ガーデンに入る

「風の電話」を初めて訪れる人の多くは、道に迷いつつ丘陵を上り、やっとの思いで「風の電話」に辿り着く。「風の電話」が置かれたガーデンに足を踏み入れると、山の中に位置する為、海を見下ろす形でパッと視界が開け、美しい光景が広がる。細部まで行き届いた配慮によって配置された草花は、四季折々に鮮やかに色づく。庭を流れる小川は透き通り、風の音や鳥の声が聞こえたり、ハーブの香りが漂う。さらに庭を歩き進めると、緑の中にそっと静かに佇む「風の電話」ボックスが目に入る。その横にはベンチが備えられており、腰かけてゆったりとした時間を過ごすこともできる。

ガーデンに身を置いた人々は、「疲れた心がとてもほぐれた」と安心したり、「心落ち着く地に立つことができて感謝する」、「素晴らしい庭」と、その美しく穏やかな場所に感動していた。さらには、ガーデンに立つことで、「大切な人を感じた」人もいた。人々は、日常生活とは異なる空間に足を踏み入れて、その場の雰囲気を五感で感じ取っていることがノートからうかがえた。

(2) 電話ボックスの中に身を置く

人々が「風の電話」の電話器に触れる為には、必ず電話ボックス内に身を置くことになる。電話ボックスという空間について、人々は、「誰にも自分の声が聞かれない」、「自分の想いを人には聞かせたくないので、この場はありがたい」など、周囲に気兼ねすることなく話せる場として安心感を持っていた。また、「温かな気持ちと寂しい気持ちが交差する不思議な感覚」と記述した人もいた。いずれも、電話ボックスは日常から離れた特別な空間と認識していたことがうかがえる。そのような特別な場であり、また守られた空間であるからこそ、人は安心し、自由を感じ、素直に話すことが保証されると感じるのだろう。

（3）電話で話す

電話ボックスの中には、線がつながっていない旧式の黒電話が置いてある。受話器を手に取ると、ずっしりとした重みを感じられる。そして、ジージーと、ゆっくり番号を回し電話をかける。電話をかけるまでの時間が、携帯電話に比べゆったりとしており、その分期待や不安も味わう。

電話をかけた人の多くは、「話せた」、「伝えることができた」、「声が聞こえた」という経験を持っていた。特に、長年胸の内にしまっていた想いを亡き人に伝えられたと感じている人は、「すっきりした」感覚を持つようだった。また、電話した相手から「力をもらった」と感じる人もあった。「声は聞こえなかったけどつながっている気がする」、「(ここは相手と自分の）心をつなぐ場所と感じた」と、亡くなった人と交流している様子もうかがえた。また、「初めて声に出して名前を呼べた。今まで言葉に出す勇気がなかなか出なかったが、声に出せたことで変われるものがあるような気がする」と、電話を通して、自分の気持ちの変化を実感する人もいた。

ボス（註2）は、大切な人が亡くなったかどうかが不明確な場合、人は困惑し、身動きがとれなくなったり、現状をどう理解すべきか混乱する状態に陥ることがあると述べている。ノートのメッセージにも、震災によって大切な人が行方不明になった訪問者の心情が綴られている。「生きていれば良い。待っている」「早く帰ってこい」など、祈るような言葉が続く。また、時間の経緯とともに、このような曖昧な喪失――いないけれどいるかもしれない――という状態は周囲と分かち合うことは難しくなっていく。人々は自身の悲しみを胸のうちに抑えこんでしまうようになる。行方不明者の家族にとって、「風の電話」は、自分の素直な想いを打ち明ける貴重な場となっているようだ。ノートに残されたメッセージ、「線が繋がっていなくても心の苦しさを吐き出すと楽になる」、「想いが届くような感じがする」は、そのような家族の気持ちの表れのように思う。

一方で、「風の電話」に触れた人のすべてが、「つながった」という体験をしたわけではなかった。ある人は、電話をかけても、「(相手の声が）やっぱり聞こえませんね……」と、落胆の気持ちをノートに綴っていた。話しかけても相手の気配が受け取れないということで、現実場面での相手の不在を再び感じたのかもしれない。

また、被災し亡くなった相手に、「なぜあの時逃げなかったの！」という言葉を発している人もいた。このひと言には、複雑な感情が含まれているように思われる。人は、大切な人を失うとアンビバレント（矛盾する）な感情を持つといわれている（註４）。大切な人を失った悲しみや寂しさ、相手に対する愛しさや恋しさを感じる一方で、「どうして私を一人にしたのか」という自分が置き去りにされたことへの怒りや、そのような事態を招いた理不尽な運命への憤りを覚えたりする。このような相反する気持ちがノートのひと言に凝縮されているようにも思える。「自分のせいで」という自責感、罪悪感、無力感、無念さ、悔しさなどの気持ちもノートに数多く綴られていた。亡くなった相手よりも自分を責める感情、この感情もなかなか公には語りづらいものである。だからこそ、このような想いを多くの人が「風の電話」で語っていくのだろう。

(4) 電話をためらう

「風の電話」ボックスまで辿りついたものの、電話をかけることにためらいを覚える人々もいた。受話器を取ると「胸が押し付けられて」何も話せなくなってしまった人の様子がノートからうかがえた。また、「伝えたいけど、怖くて受話器を取れない」、「今は、この震災についてなるべく触れたくない」と、受話器を取らずにノートにのみ記載する人もいた。「風の電話」で電話をかけるかどうかは、訪れた人の状況やタイミングが強く影響していることが見受けられた。

(5) ノートを読む、ノートを書く

電話ボックス内には、黒電話の傍に自由に記述できるノートが置かれている。このノートは、訪問者が胸の内を綴ることができるノートであり、多くの人は、このノートに興味を惹かれぺー

ジを開いている。そしてノートのメッセージについて、「自分一人ではないという気持ちになれた」と、自分以外にも同じような想いを抱いている人がいることに、安心感を覚えたり、勇気づけられている様子がうかがえた。

ノートを書くことについては、「勇気がなくて、前回は名前も話した内容も書けなかった」、「昨年は何も書けなかった」と、自身の最初の訪問時を振り返りながら、その時の様子をノートに綴る人もいた。ノートに書き込むことも電話をかけることと同様に、人それぞれに準備性があるように感じられた。

(6) 佐々木ご夫妻と出会う

「風の電話」を訪れた人々は、ガーデンの主である佐々木ご夫妻と出会う。その出会いにも、人々は心を動かされていた。

「風の電話」は、初めて訪れる人にとっては道がわかりづらい為、無事辿り着けるのか、一体どんな場所なのかと期待と不安で胸が膨らむ。緊張しながらようやく辿り着いた場所で、佐々木ご夫妻に温かく迎え入れられることで、深い安堵感を覚えているようだった。また、「風の電話」を利用した後に、佐々木ご夫妻と一緒にお茶を飲みながら話すことで、気持ちが落ち着く人もいた。ご夫妻の親身で温かな人柄や活動理念に感銘を受ける人々もいて、佐々木ご夫妻との出会いは、訪問者に深い印象を与えているようだった。

2、再び「風の電話」を訪れる

「風の電話」に複数回訪れる人も多い。命日、震災のあった月、母の日や父の日、大切な人の誕生日と、何らかの意味を持つ日に繰り返し訪れ、自分や残された家族の現状を亡き人へ報告する人もあった。

また、再来の動機には、電話ボックスでの体験、佐々木ご夫妻との出会い、それらを含むガーデン全体での体験なども影響しているようだった。そこで過ごす時間は「息抜き、心の安らぎの場」「言葉ないもので包みこまれたほっとする空間」と人々が受けとめ、「また来たい」という気持ちを持つようであった。

電話ボックスで電話をかけた時に「つながった」と感じられたことで、「風の電話」の場所を「自分の心を伝える場」、「相手との語らいの場」、「亡き人に会いにくる場所」と感じ、再び訪問する人々もいた。

一方、前回電話で話せなかった（あるいは話さなかった）経験を持った人のなかには、電話をかけることを具体的な目的にして再訪している場合もあった。「2回来たが受話器がとれない。次は話したい」と次回に期待する人、「3回目でやっと話せた」人、ガーデンを20回以上訪れた後に、初めて電話をかけることができたという人など様々であった。

20回以上この地を訪れて初めて電話をかけた人は、「被災地の復興の様子を見て、ノートを読んで、自分も故人と向き合えると思い、初めて電話ボックスで話ができた」とインタビューで語っていた。

佐々木ご夫妻との出会いも再訪と結びついていた。初めてご夫妻と話した時に覚えた安心感を再びという気持ちで、再会を希望する人たちも多かった。

ガーデンについては、「天国のような庭」、「元気づけられる素敵な風景」、「つながりを感じる場所」と感じ、ガーデンを訪問することを目的で「風の電話」を訪れる人たちもいた。

再来した人々は、「力をもらえる」、「頑張ろうと思えた」と勇気がわき、元気づけられている経験もしていた。また、「自分の考えが整理できる」場所と述べている人もいて、「風の電話」のなかで話すことで自分自身を見つめることができると捉えているようだった。

複数回の再訪を通し、訪問者のなかに「風の電話」で過ごした時間やその時の体験が蓄積され、一人一人の心にその体験が深く刻み込まれているようであった。

まとめ

「風の電話」に訪れた多くの人々の体験は、まさに十人十色であった。しかし訪れた人は皆、その場で大切な人に想いを馳せることができているようだった。

現地を取材した横山氏らは以前、『なぜ、あえて「風の電話」で話すのか』という質問を、「風の電話」を訪れた人たちに投げかけた。それに対し人々は、「仏様の写真につぶやくよりも思いが届く気がする」、「今まで一緒にいた時と同じような感じで話したいから」と答えていた。「風の電話」での対話は、訪問者にとって、大切な人とのよりリアルな交流の場となっているのかもしれない。

「風の電話」とは、厳しい状況下にある人々の悲嘆を受けとめ、一人ひとりに則したタイミングとその人のペースで喪のプロセスを進めることができるグリーフワークを保障する場なのかもしれない。悲しみに暮れる人に、自分の想いや亡き人への想いを話しても話さなくても良い、ただ、そこに佇むだけでも良いと優しく語りかけているような気がする。深い喪失を抱える人々にとってかけがえのない場なのである。

第2章　大切な人の死を悼む——お二人の語りより

矢永　由里子

今回、インタビューを思い立ったのは、「風の電話」を訪れた方々の経験を長い時間の経緯で教えてもらえたらという動機からだった。ノートで様々な方がご自身の想いを素直に表現されており、「その時々」の気持ちについて前節でまとめさせてもらった。ただ、ノートの内容は、訪ねた方々の「その場」の体験を中心に感想が綴《つづ》られており、この体験が訪問者のなかで時間と共にどのような意味を持ち続けているのかは見えづらかった。

今回、「風の電話」を通して佐々木さんと交流のあるお二人の方にお会いし、震災時の経験と、その後の佐々木ご夫妻や「風の電話」との出会いから今までの流れ、そしてその出会いが意味するものについてお話を聴くことができた。

2時間を越すインタビューのなかで、お二人ともご自身の体験について言葉を一つ一つ選びながら丁寧に語っていただいた。ここでは、話の記録というより、話の中から鮮明になってきた大切な項目を中心にお二人の話をまとめ、そこから見えてきたグリーフワークの共通のテーマについて考えを進めていければと思う。

佐々木さんからご紹介いただいたお二人のうち、最初の方は、震災で最愛の妻を亡くし、10回以上「風の電話」を繰り返し訪問し、佐々木さんご夫妻とも親交のある男性。本『風の電話』でも、「風の電話」のボックスで泣き崩れる様子を佐々木さんが取り上げており、そのエピソードは私たち読者の心を強く打つ。もうお一人は、長年地元の住民支援に携わってきた女性の方で、ご主人を震災で亡くされた時も支援者として被災者の支援を続け、今は、住民を対象とした居宅介護支援事業を独立して立ち上げている。

第1節　インタビュー1

1、最愛の妻を亡くして

海のみえる喫茶店で、一月の冬の朝の陽光を受けながら、佐々木ご夫婦とともに「風の電話」での体験を中心にお話しを聴く。

ご本人は震災以降、何度も「風の電話」に足を運んでいる。「風の電話」を訪ねることは、ご本人にとってどのような意味合いを持つのだろうか。

大柄な方で、優しい目をした方だった。奥さまとの馴れそめとその後の猛烈なアタックの後の結婚と家庭生活の大切な思い出を、目を細めながら嬉しそうに語った。

これまで何度も同じ質問を受けたと思われるが、こちらの投げかけに耳を傾け丁寧に答えてくれる。その言葉の端々に、妻への愛情やこれまで築いてきた二人の人生への感謝が滲み出てくる。ご自身の人生を反芻するように語りが進む。そして、妻への愛情がご自身を「今も、そして、これからも生かし続けていくだろう」と語った。

2、ご本人の語り

(1) 震災について

7年前の震災の出来事については、その日のことをありありと覚えている。妻の帰りを半壊した自宅の二階でずっと待っていた。本当に不安な一夜だった。そのときに見上げた夜空には、空一面に星が宝石のように輝いていた。ここまで多くの星を見たことがなかった。亡くなった人たちのことを思ったし、このとき、なぜか妻もいなくなったんだと思った。

妻の遺体が自分達の結婚式に招いた先輩の庭で見つかり、本当に驚いた。なんでこの場所なのと思ったよ。「ここにいるよ」と教えたかったのかな。俯せの状態で見つかったので顔に傷みがなくてそのままで本当にきれいだった……。

(2)「風の電話」について

人づてに「風の電話」のことを聞いて自分も訪ねようとしたけど、2回道に迷った。麓のコンビニで尋ねたが、店員も「さあ〜」という感じで誰も場所を知らなかった。3回目にようやく辿り付いたときは、日も陰り始めた夕暮れ時だった。そのときは電話ボックスに入らず庭に立っただけだったが、庭の持つ空気や優しさが直に伝わってきた。それまで自分のなかでシャボン玉のようにずっと張り詰めていたものがはじけるのを感じた。庭の空気が優しく自分を包んでくれるという感じだったな。そこに、熊のような人が暗闇からのそっと出てきて驚いたが、それが佐々木格さんだった。それが最初の出会いだった。

次に訪問したときに「風の電話」のボックスに入り、それから今も時々訪れている。「風の電話」は、今の自分にとっては日々の生活を妻へ報告しに行く場所になっている。佐々木さんたちに会いに行くところでもある。行くと嬉しいし、元気になる。それを皆さんにもお裾分けできれば良いなと今は思っている。

（３）妻はいる

妻はそこにいるよ。手を伸ばせば、そこにいて届く感じがする（と、手を空中に伸ばす）。いつも妻の存在は感じている。昨日もね、夢に出てきたよ。笑っているんだよね（と愛おしそうに微笑む）。ほっぺにチュッとしたよ。その感覚が残っている。

どこまでが生でどこからが死なのかもう分からない。実際には、その生と死の境が無いように感じる。本当はそういうものなのかもしれないね。妻とは今もつながっている感じがする。

（４）ご自身のなかで、「その後」とは

今の自分の仕事として、本格的な町作りをやっていきたい。建物ではなく、環境を作っていきたい。他の都市にも視察に行ったけれど、花々がとても綺麗だった。花の力は大きいと思う。住民が憩えるような場作りを目指したい。それが夢。佐々木さんの庭の影響かな。町全体を考えるようになった。政治を担う人間として、被災した人も被災していない人たちも含めた住民のための町作りをできればと思っている。

生きている自分、生かされている自分を感じる。ちゃんと人のために良い仕事をしたい。被災後に支援してくれた人たちへの恩返しという気持ちもある。頑張りたいと思う。だって、妻には胸張って会いたいしょ。次に会うときは、自分のやってきたことを妻に誇れるようでありたいと

思っている。

(5) 大切なもの

毎年作った家族写真の年賀状。友人たちから以前送った家族の年賀状が送られてきた。こうやって一枚ずつ大切にはがき用のファイルに綴じている。夫婦の歴史が詰まっているしね。そして、これが最後の写真。震災の数ヶ月前、写真を撮ることがあまり好きじゃなかった妻が、このときは「皆で撮ろう」と言い、実母も含め全員で撮った。妻はなにか感じていたのかな。

(皆が幸せそうに一枚の写真に収まり、それぞれが穏やかに笑っている写真を見せてくれる。ご本人の大きな手のひらに、これまで過ごしてきた時間がすっぽりとくるまっているように思われた。)

3、インタビューを終えて

この方のことは、本『風の電話』(註3)で、愛おしい妻を亡くし、「風の電話」のボックスで男泣きをしていたことが書かれている。7年経った今も時々「風の電話」を訪れ、妻へ日々の出来事や仕事のことを報告すると語る。「昨日も行ったけど、やっぱり泣いたね」と少し照れくさそうに語った。

数年前の横山氏らのインタビューで、ご本人は、「風の電話」とは「妻との語らいの場所」と答えている。「電話の向こうに妻がいる。こちらが一方的にしゃべるけど、聞いてもらえる。妻がうなづく、こうやって」とジェスチャーを交えて語る。電話を通しての妻との語らいは、妻とのつながりを実感する機会でもあるようだ。「妻は自分のなかで生きていて、これからも共に人生を歩んでいく」という感覚がご本人のなかで育まれているようだった。

また、横山氏らのインタビューでは、電話で語ることは「(自身の) 気持ちを吐き出す」ことだと述べている。「呼吸と一緒。吐き出せば、入ってくる。自分の考えも整理できるし、自分の設計図や青写真のようなものも見えてくる。何も言わないと行動や形が見えてこない」と話す。ご本人にとって、それは自分の気持ちや考えの整理でもあるし、また「その次」へと自分を誘うきっかけにもなっている。

また、佐々木ご夫妻の存在も、本人の「風の電話」の訪問で大きな意味を持つ。お二人との語らいは、「優しさに会える場」であり、自分の話をじっと聴く二人の存在は、本人に、「本当に花々のように自分を包み込む、受け入れてくれた」という気持ちを生んでいる。

ご本人にとって、「風の電話」で話す体験と、佐々木ご夫妻が手塩にかけて造っているガーデンの生き生きとした花々のなかに佇むこと、そしてご夫妻と交える会話が、ある一つのまとまった「場」となって本人に大きな慰めと励ましを与えていた。

このような「風の電話」での一連の経験が、ご本人に「家族が皆一緒にいるんだよ。先祖もつながっているさ」という気持ちをもたらしてくれると話す。それによって、「みんな、つながっているんだな」という思いを持ち、そして、「ありがとう」という感謝の念にもなっていくと話す。今回のインタビューのなかで、「恩返し」という言葉が何度も出てきた。「自分は生かされている、ありがたいという気持ち」を、町作りという活動として具体的な形にしたいとご本人は願っているようだった。

第2節　インタビュー2

1、優しい夫を亡くして

木のぬくもりが感じられる私設の居宅介護支援事業所の建物のなか、蒔がバチバチと音を立て燃える暖炉を前に、これまであまり語ることのなかった震災時の経験や「その後」について語ってくれた。心づくしのお茶とお菓子が木のテーブルに添えられていた。また、後日、2時間ほど電話でお話を聞かせていただいた。

「あの時は……」と少しずつ震災の様子と自身の心身について語り始めた。自分の経験を確認するように、言葉を一つずつ発する。「今になって、ようやく話せる」と、筆者や佐々木ご夫妻に、ゆっくりと言葉を丁寧に選びながら語ってくれた。

ご自身の経験をふり返りながら、今、こうやって住民を支援する者として自分が取り組んでいることやこれからやりたいことについても再確認しているようだった。「ご自身の足でしっかり立っている人」という印象を受けた。

2、ご本人の語り

(1) 震災について

ケアマネージャーとして日中は住民支援に回り、その合間に遺体の情報リストから夫の情報を探し求める日々だった。自分の記憶力や集中力が低下しているのを感じていたし、「頭のなかはかすみがかかっているような感じ」で、思考がまとまらず、やることがすべてスローになり、まるで「バッテリーがなくなっている感じ」がした。余震が続くため眠りも浅く、ちょっとしたことに怯え動悸を繰り返し、パジャマを着ることがずっとできなかった。何もかも失い、記憶しか残らない状態で、食べることの関心も落ち、何かをやるという気も起こらなかった。ただ、やるべき「仕事」があることで、少なくとも日中はそこに集中した。「これがあったから助かった」と今も思っている。

夫の遺体確認ができたとき、周りに遺体が見つかっていない人々も多いため、自分の気持ちを素直に出すことがはばかられた。気持ちをぎゅっと胸のなかに「塊」として抱いたまま、仕事や生活を送った。

「自分はなんのために生きているのだろう」と、自分の「生」が認められずとても苦しかった。それこそ身体中が苦しく、首辺りも痛かった。自分の気持ちがまるでむき出しのような状態で、どうそれを整理していって良いのかが本当に分からなかった。まるで、「箪笥の引き出しを何度も開けては閉め、閉めては開ける」の繰り返しのようで、何かをずっと探している感じだった。「気持ちの定まる場所を探しているんじゃないかな」とふと思った。でもそうやって自分のなかで何度も引き出しの開閉をやっても、気持ちが収まる場所、順序立てて整理し納得して収納する場所を見つけることができなかった。ただただ、気持ちの塊を持ち続け、その間ずっと苦しく、もがき続けた。今思うと、自分の思いを素直に話す場が限れていて、自分の気持ちの置き場所を探すべく、箪笥の引き出しを「開ける・閉める行為」をイメージとして繰り返していたようにも思う。この行為を通して、どうにか自分の気持ちのバランスを取っていたのではとも思ったりする。

多くの人を震災で亡くした。夫、ずっと一緒に働いてきた同僚たち……。「こんな大切なものがあることに気づいていなかった」という想いや、「もっと大事にすれば良かった」という悔い、そして、「なぜ、自分だけが生きているのか」という気持ちも強かった。でもその胸の内や気持ちを語れなかった。一つの言葉で自分の気持ちを言い表すことは不可能だった。

（2）祈ることと自分の言葉

なにもかも失い、今の状態を受けとめられないときに、仏壇の前にいる時間が長くなった。色々なことに心を惑わされないようひたすら祈った。そうしないと、祈りが届かないと思った。苦しかったが、その苦しみを消したいとは思わなかった。苦しみが癒えて、その先に「薄れて」いくことの方に抵抗があった。苦しいけれど、忘れたくない、そのなかにいたいという気持ちが強かった。

本当に苦しくてたまらなかった。でも徐々に、本当に徐々にだが、心のなかに、風を感じるようになり、苦しさが違ってきた。苦しみのなかに、段々、夫と「一緒にいる」という感じが生まれてきた。「不在だけど、でも一緒にいる」という感じ。「そして、これも家族なんだ」と思うようになって、だんだん、悲しいけれど、「（これまでとは）違う自分になる」ような気がしてきた。悲しみも孤独も苦しみも在るけれど、当初のものとは違う。７年が経ち、今は受けとめられるようになった。

心のなかに、風の動きを感じている。生きているという感じ。生と死が、切れていない。

「一緒にいる」というこの一体感が、自分に安心感を与えてくれる。一人とは感じない。その幸せ。孤独だけど、自由を感じる。

ふと気づいた。「夫の死を『死』として素直に向き合い、その死を悲しめる自分と子どもたち」という状況に。家族の一人が亡くなると、その人の死そのものよりも死後のことで家族の間で揺れることも多く見てきた。「自分は夫の死と素直に向き合えることができる」という気づき、そして、「自分たちは夫に愛され守られて生きてきた。自分たちは不幸ではない」という思いが生まれてきた。それが自分のなかで、「言葉」となり、それを子どもたちにも伝えた。子どもに言いつつ、その「言葉」を自分も聞き、「そうなんだよね」と思う自分がいた。「言葉」が自分の拠り所となっていった。自分のなかで見出した「納得の言葉」が自分の道しるべとなり、心の安定感をもたらしてくれたように思う。

(3) 風の電話を訪れて

テレビの特集で「風の電話」を知った。第一印象は、「天国に近いところ」という感じだった。「そんな場所があったら良いな」と思ったが、行くことは躊躇した。

最近になって、大槌の町に人を道案内する機会があり、「風の電話」も一緒に訪ねた。その方が「風の電話」のボックスに入り、次に自分が入った。

「夫に会いたい」という気持ちを抱えてきたのに、自分から出た言葉は、「ありがとう」「子どもたちも頑張っているよ」だった。

その後、佐々木ご夫妻から誘われ、４人で話す機会を持った。

その時、自分の思いを語り、ご夫妻に話を聞いてもらった。自分で話しながら、自分の言葉を聞き、「あ～こういう想いを持っているんだ」と気持ちを整理することができた。お二人の包み込むような優しさを強く感じた。

(4) 夫とともに

震災の直前に、夫が娘へ手紙を送っていた。娘が、震災後に、「パパからの手紙」と見せてくれた。

(「これがそうです」と額に入れた手紙を見せてくれた。几帳面な字が並んでいた。漢字にはルビが振られており、一字一字気持ちを込めて丁寧に文字を綴る姿が目に浮かぶような手紙だった。娘への愛情と期待が文面から溢れていた。)

夫から娘にあてたメッセージは、娘の成長を願うもので、Ａ４一枚にびっしりと綴られていた。大人になることの責任と決断に触れていた。この手紙を手にしたとき、本人のところに夫から手紙という形で届いた力強い励ましのように受け取れた。「パパがいる」と思った。夫から、メッセージをもらったと感じられ、この夫の愛情のなかで「自分たちは生かされている」と感じた。生と死、以前はそこに境があったが、今は、ない。今は、パパもいて、自分たちがいて、家族がこういう形でこれからも続くのかなあと思っている。「いつも一緒にいる」と今も感じている。

（５）ご自身のなかで、「その後」

「自分はなにをすれば良いか」を考えたとき、以前は、「一人残された、生き残った」という気持ちや、「なんのために生きているのか」という疑問も強く、次を考えることはできなかった。その後、「自分は、パパがやりたかったことをすれば良い」と思うようになってきた。自分の生きる意味が見いだせたような気がする。「今は幸せ」と自然に思える自分がいる。

３、インタビューを終えて

ご本人が住民を支援する側であり、住民のニーズを優先し、住民の気持ちの「聞く役」を優先させてきたこと、そして自身の悲しみや思いを、「塊」として胸の内にずっとしまっていた様子がインタビューのなかで語られた。支援者であり、かつ被災の被害者であるという二重の状況は、今回の東北の被災で多く見受けられた。筆者が被害の大きかった地区で働く保健師さんと話したとき、彼女が「私たちは住民に、『泣いてもいいんだよ』とずっと言い続けてきたが、自分にその言葉を向けることはできなかった」と呟いた言葉が今でも忘れられない。支援者自身の喪失感や絶望感は、目の前の住民を支援するときに、横に置かれ一時保存の状態になっていることが多い。支援者は住民よりも一層自分の胸のうちを語る場が限られ、「塊」をほぐすきっかけや自分の気持ちや考えを整理する機会を得ることが難しい場合も多く、精神的な苦しみは長期に亘る可能性も高い。

一方でご本人は、その時の自分を冷静に見つめ、今までの心情の変化を丁寧に言葉を選び、そして時間の経緯を紡ぐようにして私たちに語ってくれた。この客観性は、長年支援者として活動されてきたその経験から生まれたものと思われた。そのしなやかさ、たおやかさ、そしてたくましさに、専門家として培ってきた力というものを筆者は感じていた。

第3節　グリーフワークについて考える——インタビューを振り返って

お二人のインタビューを通し、喪失と悲しみのありようは違っても、共通するテーマがその語りの底に流れているように感じられた。ここで次の4点に絞ってお二人の話から、グリーフワークについて考えていきたい——1、死者は生きている　2、死を深く悼むということ　3、想いを聴いてくれる人の存在　4、死者とともに生きる

1、死者は生きている

「手に届くところに彼女はいる」。「生と死の境はない」。

お二人にとって、愛おしい人は、自分とともに、今を「生きている」のである。それも「手や頬が触れるような」ところで。

被災から7年目を迎えようとしている今、愛おしい人は、生と死の境を越えて、ご自身のそばに在るという感覚をリアルに持っていた。愛おしい人は、思い出の彼方、「遠くにいる」のではなく、お二人と「ここにともに在る」という感じである。若松（註5）は、死者に焦点づけて、死者とは、肉体が朽ちたあとも持続して存在し、生者へ自ら呼びかける主体であると語っている。死者を抽象的な概念ではなく、実在として捉え、その存在する世界は生者と異にしながらも、生者に寄り添う不可視な「隣人」であるとして、死者が「在る」者だからこそ、死者と生者の関係が成り立ち、その関係を通し死者がわれわれの生の根幹に何かを注ぎ込んでいると述べている。生者は、それに対し、ただ毎日を生きる、その無言の営みが、死者への絆となりまた無情の供物

となるとし、生者と死者の関係は実はわれわれが思っている以上に密接なつながりがあるのだと言及する。死者を中心とする死生観であり、死者と生者の新たな関係論である。

筆者が話をお聴きしたお二人がこのような死者論に触れる機会を持たれたかどうかは定かではないが、それぞれの７年間の悲嘆の体験を通し、愛おしい人が生き生きとご自身のなかに「存在する」ことをごく自然に感じていた。「傍らに存在する」というこの感覚は、深い悲しみの年月のなかで徐々に研ぎ澄まされ、確かなものとなり、そして今は、その感覚こそが、ご自身を支えるものであることを、お二人は強い確信とともに筆者に語ってくれた。

2、愛おしい人を亡くした悲しみを抱きつづける

７年間の時間のなかで、お二人は愛おしい人の死を深く悼んでいる。その悲しみの深淵さは、お二人の表情や語りから筆者に直に伝わってきた。

生命が果てる身体の死は、動かしようのない事実であり、その厳然たる死の事実の前にどれだけの悲しみや絶望感にお二人は襲われたことだろう。姿を消した妻や夫を探し求めていたときの混乱や不安感、極度の怖れ、そして、死が現実のものとなり、その死と向き合ったときの絶望感と耐えがたい喪失感、そしてご自身が残ったことへの罪悪感などが怒濤のように心の中で渦巻くなかで、お二人に共通するのは、大切な人を亡くした悲しみから目を背けることなく、その悲し

みのなかにじっと佇む姿である。亡き人へ寄せる深い愛情とそれゆえに生じた打ち震えるような強い悲嘆をじっと抱きかかえるように持ち続けた、その姿勢である。

お二人は、震災後、「風の電話」の佐々木さんのところを訪れている。そして、電話ボックスのなかで、受話器を取り、妻と、夫と、会話を交えている。

お二人にとって、「風の電話」は、ご自身が独りになれる場であり、そこで、愛おしい人に気持ちを集中させつつ静かにその人を想う場であるようだ。ご自身の深い悲しみの底へと、ある安心感とともに沈んでいくことができる場であり、その悲しみのなかで、死者と対話する場でもある。五感が研ぎ澄まされ、その人の「存在」を感じながら、自分の胸の奥の思いを言葉にし、その人へと伝えようとする。自分の想いを呼吸をするようにゆっくりと外へと出していく、そのような場として、お二人は、「風の電話」のなかにいた。訪れる人の胸の奥に抱える「塊」が、徐々に解きほぐされ、想いが言葉となって、死者と交信できるメッセージへと転化されていく、そのような場としてこの「風の電話」が在るのかもしれない。

3、想いを聴いてくれる佐々木ご夫妻の存在

佐々木さんは「風の電話」を創設したという点で注目を浴びているが、筆者は、佐々木ご夫妻が電話の創設とともに、訪れる人たちの「想いを言葉にする」ことをごく自然に促し、そしてそ

の語りをしっかりと受けとめているところに、活動の素晴らしさがあると思う。

今回のインタビューでも、感情が「大きな塊」であり「悲しみ」という一言では言い表せなかった状態から、仏壇の前で夫へ話しかけ、夫と話すことを長い時間繰り返すなかで、徐々に「自分のなかで言葉を見つけ」ていったこと、そして、「風の電話」を訪れたときに佐々木さんご夫妻にカフェに招かれ、そこで「その言葉を語る」機会を得ることができるようになった推移が話された。自分の言葉をきちんと聴いてもらい、それを受けとめてもらえることで、その言葉が素直に「自分に帰ってきた」。そして、「そうだよね、私はこんな気持ちなんだよね」と確認している自分がそこにいた。佐々木さんたちとのやり取りのなかで、言葉が自分の言葉として徐々に定着していった。

「風の電話」のボックスのなかで愛しい人と対話をすることと、その後に佐々木さんに自身の想いを語り気持ちを言い表すこと、この二つが合わさって、悲しみは変わらないがその悲しみのなかにいることへの苦痛が軽減され、愛しい人の死をある一定の安定感を持ちながら悼むことができるようになっていく。その人の喪の過程がそれぞれのペースで徐々に進み始める、「その時」なのであろう。

4、死者とともに生き、途切れた人生の糸をともに再び紡ぎ始める

震災後に被災者には、「震災を乗り越えて」、「亡くなった人のためにも前を向いて」などの多くの励ましの言葉が寄せられた。

人は、愛おしい人の死を「乗り越え」、悲しみや苦しみを「解決して」先に進むのだろうか。

筆者は、今回お話を聴きながら、お二人は、震災という突然の破壊的な出来事によって人生の流れが突然途切れてしまった苦しみ、絶望感、そして孤独感を経験しながら、7年間の長い時をかけて、徐々に自分の人生を再び過去から、現在、現在からその次へと一本の糸として紡ぎ直す、その行為を日々されてきたのではないだろうかと感じていた。再生という言葉が脳裏に浮かぶ。

「予期せぬ出来事で突然、自分の人生が遮断された」、それが震災直後に被災者を襲った気持ちである。人生が一挙に破壊され、その流れが途絶え、これまで当たり前と思っていた人生、暮し、人々との語りが奪われていった。人生の糸がぷつんと途切れていった。この途切れた糸を、再び丁寧に手元で紡ぎ始めようとしたきっかけは、亡くなった愛おしい人が、「亡くなったけれど、今もここに生きている。一緒に生きている」という、その人の存在の再確認、別の言葉で言えば、死者との再会であり、「人生は、ここで終わったのではない。死者が傍にいて、これからも共に生きていける」という死者との「つながり」の確信が生まれたことにあるようだ。この感覚はと

ても重要な意味を持っていると思われる。死者の存在を感じ、死者とつながることで、バラバラになった人生が再び統合され、残された人々は今生きている意味を受け入れ、新たな次への流れを具体的に描くことができるようになる。

「つながり」は、頭のなかの抽象的な概念から生まれたのではない。大切な人とのつながりの具体的な証明となるものをしっかりと手のひらに納めることが重要なのだ。おひとりは、それが家族の歴史を物語る家族写真のファイルであり、もうおひとりは夫から娘への手紙であった。この二つは、ご本人にとって、「これまで、共に」生きてきた証であり、また、「これからも、共に」生きていくお守りのような存在であるように思われた。

筆者は今回のインタビューから、悲嘆のなかにある人の内なる再生の過程には、それぞれのペースがあること、そして、そのペースをご自身、そして周囲が大切に守り尊重することの大切さを学んだ。お二人のインタビューへの誠実なご対応に心から感謝申し上げたい。

第3章　風の電話の近況

佐々木　格

はじめに

人は、一人では生きられない。生まれてこのかた多くの人との関わりの中で生かされていると言えるのではないか。そのため、身近で誰かが亡くなれば悲しいし、ましては肉親ともなればその悲しみ、苦しみ、辛さや悔しさは想像を絶するものがある。

東日本大震災での犠牲者は1万8446人（2017年3月9日時点）に上っている。その内、行方不明者は2553人。犠牲者数としては、戦後最大の数に上り、多くの方の悲嘆が各地域に溢れた。今でも悲しみの淵から抜け出すことが出来ずに日々苦しんでいる人々が、まだまだ多く見受けられる現状にある。

震災から4、5年経った頃からだろうか、病気で配偶者を亡くしたり家族が自殺したという方々の、電話による相談や「風の電話」の訪問者が多くなってきたと感じていた。日本は、自殺大国である。１９９８年以来、45万人の方々が自殺で亡くなっている。その後、数値は徐々に減っているものの、２０１７年には2万１３２１名が自殺で亡くなっている（厚生労働省統計）。自死換算すると、実に57人に一人は自殺が死亡原因であり、自殺者の家族は遺族となっている。自死で亡くなった人も必要な支援が得られていれば、「生きる道」を選んだと思うと、現在の社会システムや環境が深刻な状況を抱えていると言える。このような現状から、「風の電話」にも震災遺族とは別に、自死の遺族の方々の悲しみが届くようになったのではないかと思われる。

「風の電話」は、これらの方々に対しても受け入れている。そして、その方々が悲しみの涙を流すだけでなく、その「場」を訪れたことを契機に現状を受け入れる方向に向かい、自分の力で新たな状況に適応し以前の生活力を取り戻せるよう後押ししている。

活動の中から出会った方をお一人紹介し、その方の生き方の中から何が作用して絶望した生活から這い上がることが出来たのかを学び、その力を頂くと同時に心からの感動を分かち合いたいと思う。

第1節　ある男性との出会い――どん底の人生を乗り越えて

1、本人の語り

岐阜県在住の三浦寛行さんは中学3年生の春、15歳の誕生日に父親が自死した。以下、筆者がご本人にインタビューした内容をまとめたものである。

父の自殺

父親は42歳でした。自分に適した仕事が分からないと言って、仕事を次々に変える人でした。次第に追い込まれていき、酒を飲むようになっていました。父が自死した時、周囲は、本人は勝手に死んでしまった、あくまで死んだ本人が悪いと言い、亡くなってからも父を責めていました。私は、「自殺すれば人生の全てが否定されてしまうのか、死にたくて死んだわけではないのにあんまりだ」と思いました。亡くなる日も「夜はお前の誕生祝いのケーキを一緒に食べような」と話す、私にとって優しい父でした。

父が自殺してから、家では皆が父の話題を避けるようになりました。最初からいなかったかのように振舞いました。級友たちや地域の人たちも父の自殺を知っているようで、「頑張れよ」と励まされました。しかし、私はその度にいたたまれない気持ちになりました。その日以来、私は口数が少なくなり、心を閉ざし、ひたすら勉強だけをし、父の自殺を忘れようとしました。進学し早く生まれ育った町を飛び出したかったのです。そして、自分のことを誰も知らない場所で生きたいと思いました。過去を捨てたかったのです。

父の突然の死で将来が見えなくなり、当たり前と思っていた生活が一変しました。母からは「高校進学は諦めて就職しなさい」と言われました。しかし、私はそれまで高校に行くのが当たり前と考えていましたので、毎日暮らすのが精一杯でしたがなんとか進学し高校生活を送ることができました。

その頃より、父親が好きだったカメラを手にしてカメラマンになりたいという気持ちが湧き上がりました。母親には「生活出来ないからやめなさい。安定した公務員になって地元に残りなさい」と言われ、郵政省国家公務員2種を受験し合格したものの、就職はしませんでした。カメラマンにはなれなくても、どうしても大学に進みたい思いが強く湧き上がり名古屋の大学に進学しました。しかし、現実の学生生活は仕送りもなく貧乏で苦しく、非常に辛いものでした。生活費を工面するためにアルバイトの毎日でしたが、何とか卒業することができました。カメラマンにはなれなくてもカメラ関係の仕事に付きたく、カメラメーカーを受験しましたが不合格でした。

その時、全国には優秀なライバルが山ほどいると思ったと同時に、世の中は自分が思った以上に厳しいと実感せざるを得ませんでした。

それでも、名古屋の機械製造メーカーに就職し、自動化ライン開発に携わるシステムエンジニアの道に進みました。そして、29歳の時結婚しました。平凡かも知れませんがその時の私には、人並みの生活をすることが目標であり夢でした。やがて子供が誕生し、普通の暮しを送るという夢をかなえることができ幸せでした。

幸せを掴んだはずでした。このまま順風満帆な人生を送れると考えていたのですが、お互いの価値観の違いから結婚8年目でその家庭を失うことになったのです。幸せはずっと続かない、私には家庭の持つ幸せや愛情というものが益々分からなくなっていました。実家の生活もそうでしたが自分の家庭も破綻してしまいました。それで、家庭の愛情とはと聞かれても、私にはどう答えていいのか良く解らなくなりました。自分の存在を否定されたと感じ、心が通じ合えなかったと、とても虚しい気持ちで一杯でした。

離婚して一人苦しんでいる時、父の顔が何度も何度も脳裏に浮かびました。何年経っても父が自殺したことは忘れることは出来ませんでした。私の人生は終わったと絶望感に打ちのめされた日々でした。出口が見えない真っ暗闇のトンネルの中を歩いている感じで、この暗闇は後どれぐらい続くのだろうとばかり考えていたのです。そんな時、亡くなった父が「お前もそんなに苦しんでいないでこっちに来いよ」と呼んでいる気がしてなりませんでした。周囲からも「お前も父親と同じように死ぬのだろう」と言われ、「死ぬわけないだろう」と強がってみましたが、いつ死んでもおかしくないギリギリの精神状態でした。でも、父の場所に行くのを思いとどまりました。ずっと自殺した父を恨んできたのに、自分が自殺するなんてことは許されないと思ったのです。

それから、自分を見つける生き方が数年続きました。今でこそ自死遺族という言葉があり、自殺問題がTVで報道されていますが、30年前にはタブー視されていました。周囲は知っているのに、絶対その問題には触れようとしませんでした。それは、私の身内でも同じでした。父が死んでから、なぜ自殺に至ったのかを家族で話したことはなく、「何故」という疑問がずっとありました。誰も確信には触れようとせず、「死ぬなんて卑怯だ」と死んだ父のことを悪く言うばかりでした。死んでまで悪く言われるのはとても悲しいことです。それまで生きてきた、生かされてきた自分の命を自分で絶つものではないが、父だって死にたくて死んだのではない、追い込まれて行き場がなくなって、自分を消してしまいたかったのだろうと思います。父の自殺を美化する訳ではないが、どんな人にも存在意味はあると考えています。42歳まで生きていた存在を消されたら、それは非常に悲しいことです。父が生きていたことは決して無駄ではなく父がいたから自分がいるわけだし今、父の亡くなった42歳の年齢を超え生きることができました。それまで、ずっと父の歳は越えられないと云う、呪縛がありました。その年齢を乗り越え、ようやく心の中のモヤモヤしたものが消えた感じがします。「人生このまま終わってたまるか！」、「人生は一度切り！」沈んでいくか浮上するかは自分次第だと思いました。そして、今まで諦めていた夢、カメラマンとして、花咲かせたいと思ったのです。

被災地を訪れて

２０１１年3月11日東日本大震災が発生しました。自分に何が出来るのか……、カメラマンとして被災地へ行こうと考えました。その頃、岐阜の仲間で被災地支援を始めており、支援物資を集める行動に参加し、その人たちの活動姿を撮影し、記録していました。その活動を通じて釜石東中学校にユニフォームを支援する団体に声を掛けられ、震災から3か月後、バレー部のユニフォームを届けることになったのです。丁度、全国中学校体育大会（以下、中総体と略）の日でした。会場で「カメラも津波に流された」と同年配の父母に話しかけられ、頼まれていたバレー部以外の運動部の写真も撮りまくっていました。釜石に入って3日目、被災した東中学校の校舎を写して帰ろうと、がれきの中に分け入ったところで、偶然にも震災前校門に掲げられていた長さ１５０㎝の校名板を見付け、同校に届けました。丁度、中総体の最終日で熱戦が続いていました。東中学校の生徒たちには、憧れのシンボルが応援に舞い戻ったかのように喜ばれました。子供たちの心から喜ぶ様子に、私も叫びたいような嬉しさを感じていました。

翌月、卒業して以来、初めて新城市の母校の中学校を訪ねました。全校集会に飛び入り参加し、約５００人の生徒を前に「中学生同士助け合おう」と釜石東中学校支援を呼びかけました。私が父を亡くしたのが15歳、中学3年生の時です。その時と同じ年代の子ども達が、２０１１年3月11日の朝まで普通に暮らしていたのに夕方には父が、母が、肉親がいないという現実に直面していました。私には被災地で肉親を亡くした中学生の気持ちが痛いほどわかりました。とてつもない喪失感はやはり経験した者でなければわからないと思います。私には、母校に行く度に、あの辛かった15歳の自分と話をしている感覚に陥る時があります。

被災地に行き、いくつもの生死に関わり、改めて命の重さを考えるようになりました。震災が私の人生を変えたと言ってもいいでしょう。中総体から3か月後の9月に釜石・大槌地区中総体アルバムとして届けることができました。一方、母校の生徒たちは被災地応援の横断幕を作り、義援金集めを展開しました。翌年には、生徒の代表を連れて釜石の現地を訪れました。それから、今も両校の交流が続いています。中学時代、周りから特異な目にさらされた辛かった体験が今の私の行動の原点になっていると思います。

被災地支援に駆けつけるなか、仮設住宅での孤独死や自殺も目の当たりにしました。辛い時は、自分からはなかなか口にできないもので、そうしたことが孤独死につながっていると思いました。

２０１２年に岐阜県の自死遺族の自助グループ「千の風の会」を知りました。家族を自殺で失った人たちが、苦しみを打ち明け合うところです。私は、その会に参加するようになりました。今では、数年前の私には想像できないほど活動的な日々を過ごしています。契機となったカメラは、元々父の趣味でした。遺品のカメラを引き継ぎ、時々眺めている自分がいます。今は、父と二人羽織で活動している気持ちです。また、各地で講演する機会がありますが、命の大切さと自分の可能性を求め続けることの大切さを訴えています。

2、「風の電話」での出会い

以上が三浦寛行カメラマンのこれまでの半生記になる。そして、筆者との最初の出会いは、彼が２０１４年3月「アンネのバラ」を大船渡市に届ける途中、「風の電話」に立ち寄った時に始まる。その日、彼が「風の電話」を訪ねたのは、自死した父親とつながりたいという気持ちが心のどこかにあったからではないかと思う。「アンネのバラ」は、第2次大戦中にユダヤ人強制収容所で亡くなった少女アンネ・フランクを悼み、ベルギーの育種家が創出し、アンネの父オットー・フランクが１９７２年奈良県の牧師に贈ったのが日本でのルーツである。その後、京都府の元高校教諭が息子と栽培して全国各地に送り広まったことが話題になった。岐阜県には約30年前、県ユネスコ協会を通じ、大野町のバラ農家青木宏達さんの元に苗1株が届けられ、「作り続けな

被災地と結ぶ心

大野・青木さんバラ園 岩手から感謝の訪問

「風の電話ボックス」庭園に彩り／来年以降も苗木贈呈

大野町の青木さんを訪ね、地元紙に紹介される

「風の電話」の前に咲くアンネのバラ

ければ途絶えてしまう」と接ぎ木で年10株ほど青木さんが育て、小学校などに寄付をしてきた。

ユダヤ人迫害を受け逆境に耐えたアンネの名前にちなんだ「アンネのバラ」を見ることは、「風の電話」を訪ねるグリーフを抱えた被災者にとっても震災で何もかも失った逆境に負けないというメッセージになり、希望を持つことが出来るのではないかと考え、彼に「風の電話前にも是非1本欲しい」とお願いしたのであった。それから、1年後に彼が持参したバラも、青木さんが接ぎ木で育てた1本であるということだった。

初めて彼と会った時の印象は、彼が自らを語った内容とは若干異なるものであった。彼は妙にはしゃいでいたが、言動と表情が一致していないと感じていた。それは、「アンネのバラ」を持ってきた2度目に会った時にも変わらなかった。しかし、三度目の２０１６年の正月2日に会ったとき、筆者が抱いていた彼への違和感が大きく変わったのだった。彼の口から初めて父親の自殺、そして辛く苦しかった過去が語られ、更に結婚生活の破綻から苦悩の日々が続き、どん底の状態から這い上がる過程にあることが話されたのだった。その時私は、自分が違和感を覚えた言動は、彼が暗い過去を背負い、世の中を生きていくための処世術だったのではないかと感じたのだ。その言動は、諸活動に対する各方面からの称賛に高揚した気持ちから生じたものかもしれないが、一方で暗い過去を他人に知られたくない、悟られないために無理にでも明るく振舞おうとする、哀しい努力の表れだと受けとめることができるのではないだろうかと思ったのだ。彼は、東日本大震災後の被災地での人々との出会いと、カメラが自分の人生を変えたと語っているが、それらは、彼が立ち上がる契機にこそなれ、彼自身の心の内は、今も孤独な空間を彷徨していたのではないかと思った。そう気付いた瞬間、今までの妙に何かしっくりこなかった彼への違和感は、冬の寒さから春のぬくもりが戻るときのようにゆっくりと払しょくされていったのだった。同時に、思い込みを戒めている宮沢賢治の作品「イギリス海岸」（註6）の一部分に自分を重ねてみた。賢治は、「誰でも自分だけは賢く、人のしていることは馬鹿げて見えるものですが、その日そのイギリス海岸で、私はつくづくそんな考えはいけないことを感じました。からだを刺されるようにさえ思いました」と書いている。私は、「その通りだなあ……」と一人嘆息をついたのだった。そして、改めて彼の苦難に満ちた半生に思いを馳せ、目頭が熱くなった。

この様な経緯があり、２０１６年ＮＨＫドキュメンタリースペシャル「風の電話～残された人々の声～」の取材があった時、私は、彼の取材を強く推薦した。メディア報道に、共通した喪失の悲しみだけでなく、そこを乗り越え平凡で普通の生活を取り戻したいという夢を掴む努力をしている姿勢を映像で紹介できれば、「風の電話」活動の本質が伝えられると思ったのだ。しかし、意に反して、彼の悲しみの涙だけの部分に終わったのはつくづく残念に思った。

４度目に彼に会ったのは２０１７年の正月だった。彼１人だけではなく女性を連れており、「結婚しました」と彼女を紹介された。前に会った時にそれらしきことは匂わしていたが、何が彼にここまで推し進める力を与えることができたのだろうかと考えた。正に逆況を乗り越え、自分の力で普通の生活を取り戻すというストーリーは、私が「風の電話」の活動で目指し、望んでいることとそのものなのだ。

彼は、「私は佐々木さんに出会えて私の人生が大きく変わりました。本当に有難うございます」と言うが、私には「あの時のこの出会いがあったから彼を変えた」という自覚が何もない。この様な変化は、私ではなく彼自身がもたらしたものと思う。彼が、挫折を繰り返しながらもカメラマンになりたいという夢を持ち続けたからこそ、その変化が生まれ、自分の希望を叶えることができたのだ。彼も、「人生は何があるかわからない。ただ挫折は自分を変えるチャンスです。夢を持ち続けていけばきっと叶う」と語っている。

彼は、被災地を定期的に訪問する活動をするとともに、被災地の現実を写真展や講演会などで伝える活動を続けていて、それらの活動が評価され２０１２年４月、人権擁護活動に尽力した個人や団体を表彰する一般財団法人羽田人権文化基金の人権大賞に選ばれた。彼の生きるという目的意識と努力を支えたものが何なのかを明らかにすることが、今後の「風の電話」活動の推進を考えるうえで大切な鍵になると思っている。

第2節　震災とフランクルについて

２０１７年10月28日毎日新聞のコラムで、大震災後の車による移動図書館で多くの方に読まれた本の中に、ビクトール・フランクルの『夜と霧』（註７）があることを知った。著者はナチス・ドイツの強制収容所から奇跡的に生還したユダヤ人精神科医だ。この本は第二次世界大戦後間もなく出版された。本の中で、フランクルは強制収所での極限状態から人々の「生」と「死」を分けたものは何だったのかを語っている。それは、「未来に対して希望を持ち得ているか否か」というものだという。極限状態であっても一筋の光を見出し、希望をつなぐことが生きる力になると指摘している。

前述の三浦さんは父親の自殺から生活が一変し、高校、大学と苦学して卒業している。就職し、普通の家庭を夢見て結婚し子どもも誕生した。しかし、その後離婚という現実に、父親と同じように〝自殺〟という二文字が脳裏にちらついたと語る。その時、彼はなんとか思い止まることができた。そして、絶望的と思えたどん底生活から這い上がり、被災地の復興支援や自身の体験を生かした自死遺族を支える活動に参加するようになった。やがて、再婚により夢であった普通の家庭を築くことが出来たこれまでの半生を、フランクルの語る言葉と照らし合わせて振り返り、彼の絶望の淵からの再起を図れた要因を、筆者なりに確認していくことは、同様に絶望状況にある人たちに寄り添う力になれるだろうし、私自身の今後の「風の電話」活動にも必要なことであると考えている。

フランクルは、収容された強制収容所で自身も身体を拘束され個人の自由は全くなかった。しかし、精神（心）は自分だけのもので誰にも拘束することはできないと感じていた。この状況下でフランクルが注目したのは、多くの人間が極限状態に置かれた時、何を見ても、何に触れても、何も感じない「無感動」「無感覚」「無関心」状態になっていった点である。フランクルは、次のように指摘している。

「あまりに悲惨で受け入れがたい状況を生きていくために悲しみ、怒り、驚き、哀れみ等々どんなことにも心を動かされないという感情の消滅は、精神にとって必要不可欠な自己保存メカニズムである。人は、生き抜くためには、できるだけ心の動きを抑え失望したり、傷ついたりしないようになる。全ては、ただひたすら生命を維持するためだけに必要なことである。

しかし一方で、精神性が高く、感受性の強い人々は精神にそれほどダメージを受けない傾向にある。それは、内面的な精神の自由さと豊かさが『もう一つの創造の世界』という自分だけの自由空間へと立ち戻る道を持つことが出来たからだ」

現代の日本社会には、強制収容所のような特殊な環境はないが、災害、事故、病気、自殺等で大切な人を亡くし絶望し、生きる意味と希望を見出すのが困難になっている厳しい状況は存在する。そのような中で、グリーフを抱えている人たちの心の状態はどのようになっているのだろうか。そこでは多くの人が自分の殻に閉じこもっていると言える。その状況は、自分の心（精神）が自ら収容所を創りだし、自分をその中に閉じ込め、自由に思考することを阻害し、心の自由を奪っている状態とも言えるのではないだろうか。その人たちは、外部から何を拘束されているのだろうか。身体だろうか、精神だろうか。誰も、何も、外部からは拘束してはいない。しかし、実際は自ら心に有刺鉄線を張り巡らした収容所を創り出していると言えるだろう。

しかし、心を殻に閉じ込めた状態であっても、身体は行動しようと思えば何でも出来るし、何処でも行くことができる。ここは大切な点だ。強制収容所の生活と似て絶望し生きる意味と希望を見出すことが困難な状況にあっても、心と身体の自由は誰からも外部から拘束されてはいない、自分の心を拘束しているのは自分自身なのだということに気付いて欲しいと思う。そのうえで、考えなければならないことは、絶望的な状況を引き起こしている状況にあっても、生き抜くために何をしなければならないかということなのだ。

生きる意味と希望を持つために何をしなければならないかというと、身体は拘束されていないのだから、行動を起こすということを最大限活用するべきであろう。外の世界へ出かけることや、何かをやるという行動を起こすことが大切になる。外の空気を吸い込み、風を感じてみる。花を見るとか、美しい自然に出かけるとか、とにかく自分の好きなことをやってみることだ。そうすることにより感動、感激する感情が蘇り、癒されるという心の作用を感じ取ることができると思う。

東日本大震災後、仮設で暮らし、虚脱状態にあった多くの被災者たちは、震災前自分が親しみ、楽しんでいた趣味にも興味を持てず、ただ一鉢の植物があれば良いと、「花」や「緑」に癒しを求めた。植物を育てることで傷ついた心を癒し、生きがいを見出すことは科学的にも立証されている通りである。

行動を起こし、何かに取組むことに様々な方法があると思うが、心の殻を脱ぎ捨てるために「風の電話」に来て、逢えなくなった方に話しかけ、「なぜ」「どうして」と堂々巡りしている自分の思考を整理してみることもその一つだろう。何処の部分で混乱しているのか、何に対して後悔しているのか、何を恐れているのか、何が心配なのか思考を整理してみる必要がある。言葉に出すことで、自問自答することにより自分の考えがはっきり見えてくる。また、その環境の「場の力」で徐々に心が重荷から解放され癒されることを味わうだろう。そして、この時に「大丈夫だよ、一緒にいるから共に考えよう」と寄り添う人がいると心強さと安心感を実感することになる。また、生活困窮などの社会的問題等については、地域の民生委員、福祉関係者等のアドバイスを得ることで次の行動が見えてくるかもしれない。

絶望し、生きる希望を見失っている人に対して、フランクルは「生きる意味」について次のように語っている。

「私たちが生きることから何を期待するかではなく、生きることが私たちから何を期待しているかが問題なのだ。生きることの意味を問うのをやめ、私たち自身が問いの前に立っていることを思い知るべきなのだ」

フランクルは、自分中心の人生観を180度変換する考え方を勧めている。更に、次のように述べている。

「私は何のために生まれてきたのか、私の人生にどんな意味と使命が与えられているのかという『生きる意味』と『使命中心』の人生観へ視点を移すことが求められている。どんな時も人生には意味があり、あなたを待っている誰かがいて、あなたを待っている何かがある。そして、『誰か』や『何か』の為にあなたにも出来ることがある。私たちは、『生きる力』と云うのはあくまでも自分の意志の問題であり、あたかも自分の内部から湧いてくるもののように考えがちだが、実際はそうでないことが多いのだ。人間という存在の本質は、自分でない誰か、自分でない何かとのつながりによって生きる力を得ているところにある」

生まれてこの方、人は一人では生きられないし、自然界や他人とのつながりの中で生かされていると考えることができる。そして、そのことを理解し、自分は唯一無二の存在であること、自分の仕事や愛する人に対する責任があることを自覚した人間は、生きることから降りることは出来ない。まさに、自分が「なぜ」存在するのかを知っているので、ほとんどあらゆる状況にも耐えられることが出来ると考えられる。だから、決して自ら生命を断つことはないと信じている。

三浦さんは、フランクルの著書『夜と霧』の所在を知っていたか否かは分からないが、彼がやってきたことは正にフランクルが体験した中から得られた結論の一つの実例ではないだろうか。勿論、日々刻々と問いかけてくる「生」と「死」の問いかけに、その都度、適切に答えていかなければ命の保証すらできない緊迫の連続だったフランクルの強制収容所生活を、グリーフワークの一般論と同列で語ることは出来ないが、絶望を乗り越え再び生還する過程の精神状態には共通する部分があると考えられる。そのため、大震災後の移動図書館で『夜と霧』が多くの被災者に読まれたと説明できるのではないだろうか。

第3節　まとめ

1、現実を受け入れることから始まる

三浦さんのどん底からの生還を整理してみると、「生きる」そのきっかけとして第一に高校在学中に、父親の残したカメラを手にカメラマンになりたいという希望の光を見出したことがある。第二に、東日本大震災を契機に、自分に何が出来るか考えた末カメラマンとして被災地に行こうと目的意識を明確にさせたことがある。実際被災地に行き、釜石市立東中学校の流された校名板を偶然がれきの中から見つけ、それが縁となりご自分の中学の母校に行き子どもたちに被災地の様子を訴え支援の輪を広げ、以来交流を続けている。第三に、自助グループ「千の風の会」に参加するようになり、自死遺族のために役立ちたいと自分の体験を話す活動に目を向け、生きがいを見つけたことがある。そして、何よりも彼自身が、「人生このまま終わってたまるか、浮くも沈むも自分次第」と絶望の中にも意志を強く持ち、自分は自由に動けるのだと心の収容所を脱け出し、行動に移ったことがあげられる。自分の中に「希望の光」を見出し、自分を必要とする「何か」や「誰か」のために、自分の人生に与えられている「使命」を見つけ、それに全力で答

えてきた姿勢が絶望の淵から抜け出すことにつながったと考えられる。また、「人生このまま終わってたまるか」という意識の向け換えは、勇気を持ち現実を受け入れた結果として、新しい「生」を生きるという意思の表れであると捉えることが出来る。

何事も現状を受け入れなければその先を考えることは出来ないし、前に進むこともできない。しかし、絶望するほどの悲しみ、辛さの現実をそのまま受け入れるには迷い、苦痛、混乱が伴うはずである。その心の軌跡を東日本大震災の遺族に見ることが出来る。大震災から7年経ち、大切な家族を亡くし絶望感に打ちのめされた遺族のその後を、「風の電話」に残されたノートや本書他のインタビューの中で知ることが出来るが、多くの方々が災害による喪失の悲しみを受け入れ、「天国の故人に見守って欲しい」と祈る人たちが多くなっている。このような傾向は震災後2、3年目頃から見られるようになっている。何年経っても悲しみは無くならないが、人は喪失後の状況に適応し再生する力を持っていると言える。絶望の淵から数年を経て、夢であった普通の家庭の幸せを得ることができた三浦さんの経験にも、現実を受け入れることが始まりとなって、それが再生への希望を見出すところへとつながるという一連のプロセスを見ることができる。「風の電話」を通じて大震災後に住民のこころに寄り添う活動をしている私にとって、人々の再生のプロセスを見守ることは貴重な体験になっているのである。

2、「心と魂の融合」の限界

「風の電話」の活動も8年目に入ってくると、新たな問いを投げかけられているのではないかと感じている。今までは、喪失の悲しみから自責の思いと混乱から現実感を失い閉じられた世界から、心の解放を促す感性と想像力の世界「風の電話」で遺族と亡くなった方が「心と魂の融合」を図り、想いを伝えることが出来、遺された人たちの生きる希望になっていると感じてきた。それ自体に問題はないのだが、最近は訪問者によっては、「風の電話」に複数回来て想いを通わせるうちに亡くなった人に「逢いたい！」「触れたい」と強く思うようになった人も出て来ている。しかし、バーチャル・リアリティ（仮想現実）と同一視して解決することはできないと考えている。

各人の想いをつなぐ行為、「心と魂の融合」には嘘がない。想像の世界を駆け巡るうちに現実に近づきたいと渇望するものなのだろうか。確かに、「想像することはいつか必ず実現する」というフリーマン・ダイソン博士（米宇宙物理学者）の言葉もあるが、それはあくまでも、現在生きている人が現実の世界で想像する場合のことであり、現世と死後の世界を結ぶことを指しているのではない。「逢いたい」「触れたい」「抱きしめたい」と渇望する人に対して「死によって肉体は消滅したのだから、亡くなった人とはどんなに努力しても再会することも触ることも出来ないのです。あなたが亡くなった人のことを覚えている限り、それらの魂はあなたの傍にいるでしょう」と伝えることが出来ればどんなに楽だろうか。しかし、悲しみをこらえ亡き人を身近に感じていたいと願う遺族に、そのような否定的なことは言えるわけもなく、只、うなずいてその方の心情に想いを馳せるだけだった……。

私は、魂というものは、亡くなった人と、遺された遺族や知人等の双方向の関係性の中に在ると考える。だから亡くなってもその方を誰か覚えている人がいる限り魂の存在はあるのだと思っているし、亡き人の魂が傍にいると思うことで喪失の悲しみから安心感や癒しを感じ、そして、希望を見出し目の前の日々を生きていくことが出来ると考えている。しかし、人々の持つ感性や想像力には限界はない。どこまで「心と魂の融合」というものを支えるべきなのか、否、私ごときが個人の「心と魂の融合」の内奥にまで深入りして関わるべきなのか、「亡き人の魂の問題」は、もはや宗教家の領域に関わる問題であり、現状では力が及ぶはずもなく限界を感じている。

しかしながら、グリーフを抱えている全ての人に「風の電話」で思い切り涙を流し、そこから思考の整理をして「人生いかに生きるべきか」自問を繰り返しながら立ち上がる姿を見せて欲しいとも願っている。そのためにも、彼等と交流するなかで更なる思索を重ね、そして実践からの学びを大切にしながら、グリーフを抱えた人たちに寄り添い、後押しする力になることが出来ればと思っている。

第2部　「風の電話」と考察

はじめに

矢永　由里子

今回「風の電話」の活動に寄せて、複数の専門家の方々にも執筆をお願いした。「風の電話」をそれぞれの視点から捉えてもらい、貴重な活動について幅広く検討を加えていけたらという考えからだった。精神医療や教育の分野の海外の専門家もこの「風の電話」に何らかの形で関わっていた。そのご縁を活かして、「風の電話」に寄せるご自身の考えや分析を記述していただいた。本章に綴られたそれぞれの内容について簡単に触れてみたい。

浜垣誠司先生とCraig Dyke先生は、共に精神科医である。

浜垣先生は佐々木さんと同様に宮沢賢治に強い関心を寄せ、また支援活動の関係もあり、東北の地と深い繋がりを持たれている。Dyke先生は、東日本大震災とメンタルヘルスについて何度も東北の現地に足を運び、現地の関係者と意見交換を重ねながら、日本人の悲嘆について精神科医の視点で分析と研究を続けている。メンタルヘルスの専門家によって組織された認定ＮＰＯ法人「心の架け橋いわて」の活動に同行し、「風の電話」のセレモニーにも参加した経験を持つ。

お二人に共通するのは、当事者が発する「言葉」の意味とその力への注目である。

浜垣先生は、「喪（悲嘆）の作業　グリーフワーク」には、自身の喪失体験に新たな「意味」を見出し、そこに新しい人生の方向を見出すことが大切であり、そのためには亡くなった人との「対話」が重要な役割を果すと指摘している。Dyke先生は、日本文化の特性を踏まえつつ、相手（死者）へ想いを声に出して伝える作業は、「自身のこころを開け放ち、感情を解放する」と述べている。そしてその体験は客観性を取り戻し、自身の振り返りや自己理解を促進し、新たな気づきとともに自己の再統合を行う機会を与えると指摘している。お二人の深い分析を読者の方々にもじっくり読んでいただきたい。

Ian Miller先生と筆者は今回の執筆について何度もメールでやり取りをした。その過程で先生が非常に気さくで誠実な方であることが感じられた。『ハーバード日本史教室』（註8）のなかで、かつて岩手県宮古市で英語教師を務め、被災地に対し特別な思いを持つ大学教授として紹介されている。その本で先生は、「学生達に、東日本大震災を人文的・文化人類学的な視点に立ち、「風の電話」から愛する人を失くすとはどういうことかを、死者を悼むという行為の意味とともに考えるような授業を行うつもりだ」と語っている。本書では、先生の授業の目的と実際の進め方が明記され、授業での学生の反応やディスカッションが生き生きと描写されている。東日本大震災を、各人がどう記憶に留めていくのかという大切な問いをわれわれに投げかける名文である。

この三名の先生方の視点と考察によって、「風の電話」の活動の意味が読者の方々に、より明確になっていくのではないだろうか。是非、ご自身の「風の電話」に寄せる感想や考えと照らし合わせつつ読み進めていただければと思う。

＊尚、Dyke 先生と Miller 先生の原文は巻末に掲載する。

第4章　精神科医より1　閉じられつつ開かれた場所――「風の電話」と喪の作業

浜垣　誠司

第1節　「風の電話」を訪ねる

私は精神科医として町なかの診療所で仕事をする一方、宮沢賢治が昔から好きだったもので、賢治の作品を題材としたウェブサイト（宮澤賢治の詩の世界 http://www.ihatov.cc/）を作ったり、作品ゆかりの地を一人で巡ったりしていた。生まれも育ちも西日本の私だったが、賢治の故郷である岩手県に足繁く通い、同好の士にお会いすることを続けるうちに、いつしか岩手は私の第二の故郷とも言える場所になっていた。賢治が何度も旅して作品に残した三陸地方も大好きになり、以前からよく訪ねていたもので、幸いこの地にも賢治を愛する仲間がたくさんできていた。

そんなある日、東日本大震災が起こった。当初の私には、報道などで被災地の様子を見ては、ただ知人の安否を気づかうことしかできなかったが、少し状況が落ち着いてくると、精神科診療所協会のボランティアとして石巻の医療支援に入ったり、三陸沿岸に点在する賢治の詩碑の被災状況を調べて、自分のウェブサイトに載せたりした。

宮沢賢治の作品には子供の頃から親しんできた私だったが、震災を境にして、その読み方が変わってしまった。これほどの災害や原発事故が起こった日本に、今もしも賢治が生きていたら、どんな発言をしどんな行動をとっただろうと考え、また賢治自身も個人的に深刻な喪失体験を抱えていたのに、いったいどうやってそれを受けとめ乗り越えられたのか、何とかして彼の心の奥底を理解しようと頁を繰った。

人生において愛する大切な人を失うという出来事は、誰にとっても大きな衝撃となりうるものだが、とりわけその死が予想外の理不尽なものだったり、あまりに早世だったりすると、残された人の苦悩も深刻である。その喪失の悲しみが極端に大きすぎると、心のバランスを崩してしまって、もうこれ以上生きていけないというところまで追い詰められてしまうことさえある。

しかし人間は多くの場合、そのような悲嘆のどん底からもまた何とかしてはい上がり、苦しみを乗り越えていく力を持っているものだ。一度は死も考えた人が、いったいどうしたらまた生きる力を取り戻していくことができるのか、思えばそれはとても不思議なプロセスである。その回復の過程において、人はいろいろなことを感じ、考え、周囲との相互作用をしていくことになるが、その際に人間の心の中で自ずと営まれている働きのことを、「喪（悲嘆）の作業《グリーフ・ワーク》」と呼ぶ。悲しみに閉ざされ、凍りついたように思える心の内部でも、知らないうちに実は様々な作業が進められていて、その過程ではしばしば人間の持つ驚くべき力が発揮される。

宮沢賢治の場合は、最愛の妹トシを亡くした後、年余にもわたり深い苦悩にとらわれることになったのだが、その間に書いた切実な作品群には、図らずも彼独自の「喪の作業」が表現されることとなった。震災後の私は、それらの作品を何度も読み返しながら、賢治が妹の喪失という悲嘆のトンネルを、いったいどうやって通りぬけていったのか、どのような心の作業によって再び安寧を取り戻すことができたのかということについて、始終思いを巡らすようになったのである。

実は私はかなり以前から、精神科医として犯罪被害者支援センター等に関わっていたので、深刻な死別体験を抱えた方の治療や支援、すなわち「グリーフ・ケア」には多く携わっていた。従って、震災を機に宮沢賢治の「喪の作業」に強い関心を抱くようになったというのは、私の仕事と個人的な趣味の領域が、たまたまここで交叉したということでもあったわけである。

そんな中である時私は、岩手県大槌町の佐々木格さんが、「風の電話」という独自の方法によって、大切な人を亡くした被災者の方々を支援しておられることを知った。当時、佐々木さんは大槌で宮沢賢治研究会の設立を準備し、またこの地に賢治の詩碑を建立する計画も進めておられるということだったので、ここで私にとっては、三陸、宮沢賢治、グリーフ・ケア、詩碑、などという個人的に強く惹かれていたキーワードが、奇しくも一挙に重なり合って現れたのである。

そこで私は矢も楯もたまらず、2015年の2月に佐々木さんに突然のメールを差し上げて、「風の電話」を訪ねさせていただくことにした。

朝早く京都を出て、飛行機や鉄道やバスを乗り継ぎ、大槌町の郊外にある「ベルガーディア鯨山」と名づけられた佐々木さんの庭園に着くと、もう日は傾きかけていたが、佐々木さんご夫妻とともに、岩手県立大槌病院の心療内科医である宮村通典さんも、一緒に私を迎えて下さった。庭内にある「森の図書館」という石造りの家で、佐々木さんから「風の電話」の活動についていろいろお聞きし、また幸いなことに、そこにいた4人みんなが好きだった宮沢賢治についても、あれこれ話が弾んだ。

妹トシが死んだ日に、賢治が書いた「無声慟哭」という三部作の詩のことや、そして実際にその日から半年あまりにわたって、一篇の詩も残せなかった賢治の「無声」の時期のこと。あるいは1925年の1月に、賢治が一人で酷寒の三陸地方を旅した時、大槌のあたりではどの道を歩いたのだろうかという考察など……。

話に花が咲くうちに、いつしかあたりは真っ暗になっていたので、その日は佐々木さんに車で海辺のホテルまで送っていただいた。

翌朝は、また佐々木さんが早い時間に車でホテルまで迎えに来て下さって、「ベルガーディア鯨山」にやって来た。奥様が入れて下さったコーヒーをいただいた後、私は初めて「風の電話」を体験させてもらった。

「風の電話」の電話ボックスは、全面が美しい白い枠にはめられたガラスで囲まれていて、どのガラスも綺麗に磨かれている。緑色の三角形の屋根も付いていて、外から見ると、可憐で愛らしい感じのするボックスだ。

ドアを開けて中に入り、またドアを閉めると、中は予想以上に静寂の空間だった。私はそれまで「風の電話」という名前から、ボックスの中でも風の音や鳥のさえずりなど自然の音が聞こえるのだろうかと何となく思っていたのだが、これはもともと本物の電話ボックスだったわけだから、通話のためには当然ながら、防音性能はかなり高いのだ。

ボックスに入って正面には、私たちの世代にとっては懐かしいダイヤル式の黒電話が置かれている。またその横には、利用者が自由に思いを書きつけることのできるノートや筆記具や、ボランティア団体から寄贈されたという小さな陶製のお地蔵さんも並べられている。

電話ボックスの中からは、周囲四方のガラスを通して、佐々木さんが丹精を込めた美しい庭園の風景が見えている。そしてその庭園を越えてはるか下の方に目を転ずると、三陸の海も望むことができる。

「風の電話」の中から望む三陸の海（筆者撮影）

さて、「風の電話」のボックスに入って、まず私が感じたことの一つは、この丁寧に手入れされた電話ボックスや、それが置かれている庭園や、さらにそれを取り囲む雄大な自然によって、あたかも自分が「守られている」というような感覚だった。

そして、それとともにもう一つ、自分自身を何か大きなものに「委ねる」というような感情が、自ずと心の奥から湧いてくるようにも感じた。

あらためて振り返ってみると、この時の私自身は、ガラス張りのほんの小さなボックスに入っていたのに対して、その周りには、北上山地に連なる深い森や太平洋までもが一望できる、雄大な景色が広がっていた。そこは、自分が大自然の中のちっぽけな存在であるということを、身をもって実感できる環境であるとともに、同時にそのボックス内は周囲からある意味で隔離され、あたかも「静寂のカプセル」に入っているような感じにもなる空間だった。目では周囲のパノラマ風景が３６０度見渡せる「開かれた」場所でありながら、耳には何も聞こえない「閉じられた」場所でもあるという、パラドキシカルな感覚に私は誘い込まれた。

佐々木さんは、何も「風の電話」をそのような特別な環境として設定しようと意識されたわけではないのだと思うが、図らずも生まれたこの稀有な空間のおかげで、人は自らが何か大きなものに「守られている」と感じるとともに、それに自分を「委ねる」というような気持ちに導かれるのかもしれない。実際に「風の電話」を体験させていただいて、私はそんな風に感じた。

第2節　死別という心的外傷《トラウマ》からの回復

一般に人間は、あまりにも強い衝撃を受けると、心が深く傷ついてしまい、その後かなりの長期間にわたって、苦しみが持続することもある。愛する人と死別するという体験も、このような心的外傷《トラウマ》の典型の一つである。

心的外傷による苦しみや生活上の支障が、時には数年あるいは数十年もの長きにわたり続いてしまうということは、そこまでの体験をしたことのない人にとっては実感しにくいかもしれないが、これは裏を返せば、多くの場合に人間は、多少ショックな出来事に遭遇しても、一定の時間のうちに乗り越えていく力を持っているのだということでもある。すなわち、人間は心の傷を負っても、それを自ら回復させていく力（自己治癒力）を持っているのだ。

考えてみると、これは体の傷でも同じことで、人は少々の怪我ならば別に病院には行かなくても、傷口をきれいにして絆創膏を貼っておくだけで、自然に治ることを知っている。最初は少し触れるだけでも痛んだのに、思えば不思議なことだが、いつしか傷も痛みも消えている。目には見えないが、この時傷口の周囲では、厖大な数の細胞が傷を修復するために協力して働いており、実はこれが「自己治癒力」の正体なのである。

ただ体の傷でも、あまり深かったり骨が折れたりしているような場合には、放置するといつまでも痛みや障害が残ることがある。心的外傷も同じように、多くは時間とともに自分の力で回復していくものだが、一部の深刻な場合には、うまく自己治癒力が働いてくれず、ずっと痛みや苦しみが続くこともあるのである。

心的外傷というものが、本人にとって苦痛を伴っている理由は、大きく分けて二つある。その一つは、深刻な外傷記憶には、強い恐怖感、無力感、罪悪感、孤立感などの否定的な感情が、固く結びついてしまっていることにある。

震災や津波といった巨大な脅威に直面し、そこで現実に死の恐怖を体験した人にとって、そのような感情は容易に消え去るものではない。時間とともに薄らいだように感じていても、何かのきっかけで強い恐怖がフラッシュバックするということもある。また、そのような人間の力を越えた圧倒的な出来事を前に、なすすべもなかった自分を思うと、底知れない無力感にとらわれてしまうのも無理もない。

一方、強い心的外傷を負った人は、本来は感じる必要のない罪悪感にとらわれてしまうこともしばしばある。自分の身近な人を亡くした後に、「助けられなかった自分が悪い」「あの人が死んだのは自分のせいだ」などと、実際は自分に何の落ち度もなくても、自らを責め続けてしまうことがあり、このような感情は「生存者の罪悪感《サバイバーズ・ギルト》」と呼ばれる。自分が生き残ってしまったというただそれだけのことで、亡くなった人に申しわけないと思ってしまうのである。

あるいは心的外傷を負った人は、自分が世の中から完全に孤立しているような感覚を持つこともある。実際、人は深い悲しみにとらわれている時には、誰とも会いたくないし話もしたくない気持ちになることは多く、ある程度は孤立しやすい傾向にある。また時には周囲の人の何気ない言葉で傷つくこともあり、そういった経験から「自分の苦しみは誰にもわかってもらえない」と思うと、ますます心を閉ざして孤立が深まるという悪循環に陥る場合もある。

深刻な心的外傷を負った人が抱えている、このような恐怖感、無力感、罪悪感、孤立感などの感情は、ある程度は現実に根ざしている部分もあるが、一方でかなりの部分は、実は不当に誇張されたものだったり、本来は感じる必要のないものだったりする。地震や津波は確かに恐ろしいものだが、常に怯えていなければならないほど頻繁に起こるものではない。また災害に対して人間は全く無力なわけではなく、被害の教訓を生かして様々な安全対策が新たに講じられているし、既に経験した人ならば、万一再び起こったとしても、今度はきっと適切に対処できるだろう。

亡くなった人に対する罪悪感というのも、当時の状況について冷静に振り返ったり、周りの人々と話し合ったりすることができれば、何も自分をそんなに責める必要はないのだということは、必ずや納得できてくるだろう。また、自分を支えてくれるたくさんの人たちとのつながりを感じることができれば、徐々には孤立感も癒されていくはずである。

たとえ悲しみに暮れながらでも、こうやって心の中で一つ一つ記憶をたどり、また周囲の人と話をして、その出来事を別の角度から見たり、自分の極端な思い込みに気づいたりしていくことができるならば、苦しみも少しずつ軽減していくはずである。すわなち、当初は心的外傷に固く結びついていた、恐怖感、無力感、罪悪感、孤立感などの否定的感情が、だんだんはがれ落ちていき、歪んだ認識が修正されていくわけである。これに伴い、生々しく鮮烈だった記憶も、だんだんと色あせて「昔の出来事」という様相を帯びてくる。

これこそが、「喪の作業」の重要な内実であり、多くの人は特に専門家のケアを受けなくても、知らず知らずに自分や周囲の人の力でこのように自らの心の中の記憶を「処理」していくことによって、心的外傷から回復していくのである。

しかし一方、外傷記憶に結びついた否定的感情があまりにも強すぎる場合には、人はその出来事について、冷静に思い出したり、出来事の全体を客観的に眺めてみたりすることさえ、困難になっていることがある。激しい衝撃のために、感覚が麻痺して憶えていないとか、記憶がバラバラに断片化していることもあるし、たとえ憶えていてもそれを思い出すことには強い苦痛が伴うので、二度と考えたくもないというのも無理もないことである。

そして、たとえ苦しみに耐えつつ頑張ってそれらを想起しようと努めたとしても、記憶の一端が心に現れた瞬間に、例の恐怖感、無力感、罪悪感、孤立感などの感情が、一挙に噴き出してきてしまうのだ。例えば、津波の映像が心に浮かんだだけで、心の中にはこれらの激しい否定的感情が溢れ出て、恐怖や無力感や罪悪感がぐるぐると渦巻く「自動思考」に陥り、それ以上は何も冷静に考えられず、またそれについて人に話すことさえできなくなってしまうかもしれない。

こうなると、その記憶を心の中で落ち着いて思い返したり整理したりすることもできないので、回復のための「喪の作業」を行うことは、非常に困難になる。通常ならば進行していく記憶の

「処理」が途中で止まってしまい、当面その人にできることは、苦しい記憶にただ蓋をして、なるべく思い出さないようにすることだけしかなくなる。しかし、いくら思い出さないように努めていても、何か些細なきっかけがあると、それは無情にも恐ろしいフラッシュバックとして蘇って来るのだ。

このように深刻な状態にある心的外傷では、そのままでは自己治癒力が働きにくくなっているわけで、回復のためには専門的な治療を要することもある。用いられる治療法としては、「眼球運動による脱感作と再処理法（ＥＭＤＲ）」とか、「持続エクスポージャー法（ＰＥ）」などというものがあるが、いずれの治療法でも特徴的なのは、外傷的な記憶を想起した時に起こる否定的な自動思考の働きに対して、ある種の介入を行うことにある。どちらの治療においても、外傷体験を想起してもらいつつ、そこで自動思考が発動しても記憶処理が止まってしまわないように強力に働きかけることによって、本人が持つ自己治癒力を動かし続けるという仕組みになっている。

そして、奇しくも私が「風の電話」を体験して感じたのは、この電話ボックスに備わっている「何かに守られながら、大きなものに自らを委ねる」という独特の感覚には、これらの心的外傷の専門治療における設定や介入と、不思議に共通するような何かがあるのではないか、ということだった。

死別した人のことを思い出すのは、とても悲しく辛いことであり、また災害の情景の想起には、強い恐怖感も伴うだろう。しかし、「風の電話」の中に入ると、そこには静かで安全な空間があり、やはり同じような悲しみを抱えた人々が書いたノートや、素朴なお地蔵さんが置かれていて、それらはまるで自分の悲しみも一緒に受けとめてくれるかのようである。また、周囲に広がる美しい庭園や、遙かに望む三陸の海や、背後の森の景色には、それまで自分の中でぐるぐると回り続けていた厄介な「自動思考」を、何かちっぽけなものとして相対化してくれるような、大きな力が感じられる。故人のことを思い出して、たとえまた否定的な苦しい感情が湧いてきたとしても、この場所でならばそのような自分の心の動きも、一歩引いて冷静に見守ることができるかもしれない。

とりわけ、この電話ボックスの中から、「あの日」とは違って今は穏やかな三陸の海が見えるということには、大きな意味があるのではないだろうか。一般に深刻な心的外傷を抱えた人は、その出来事を連想させるような類似刺激に触れるだけで、まるでその時に連れ戻されたようなフラッシュバックに陥ることがあり、それがまた回復を妨げがちである。そのためにＰＥなどの治療においては、「外傷体験の出来事そのものと、それに類似しているが異なる出来事とを、冷静に区別できるようになる」ということが重要なポイントなのだが、「風の電話」という守られたカプセルの中から、「あの日」とは異なる「今」の三陸の海を落ち着いて眺め、それによって自らの記憶を「上書き」するということには、重要な意味があるのではないかと思うのである。

以上のようなことを可能にしてくれるのも、安心感に守られつつ、全てを見渡すことができるという、この電話ボックスの特別な環境のおかげなのではないかというのが、私がここで感じたことだった。訪れた人を暖かく迎えてくれる佐々木格さんのお人柄や、「子を亡くした親の会」などの横のつながりも、もちろん力強い支えになっているだろうが、その中心にある「閉じられつつ開かれた」場所の不思議な力が、悲しみを抱えた人々にとって、「喪の作業」の貴重な助けになっているのではないかと、私は思った次第である。

第3節　死者との対話

ところで先に、心的外傷が痛みや苦しみを伴っている理由は、大きく分けて二つあると書いたが、残りのもう一つは、外傷的な出来事は多くの場合、当事者にとって取り返しのつかないような「喪失」を伴っているという、厳しい現実である。例えば死別体験の場合には、いくら心の癒しを図ったとしても、亡くなった人は二度とこの世には戻って来ない。これぱかりは、周りの人々がどんなに暖かく支えても、専門的な治療者が手を尽くしても、どうしようもない事柄である。

しかし、多くの場合人間は、たとえ時間がかかってもこの苛酷な現実と折り合いをつけて、また生き続けていくことができている。人間にこのようなことが成し遂げられるのは、その底知れない生命力のおかげとしか言えないように私は思うのだが、それを可能にしているのは、たとえ不可逆的な喪失を抱えていても、その新たな状況をもう一度自分に対して位置づけ直し、そこに新しい方向性を見出していくことができるという、人間の力である。

ただ、そのような位置づけや方向性というものは、それぞれの人が自分の体験に即して個別につかみ取っていくものなので、どうすれば見つかるとかどう考えれば答えが出るとかいう、決まった方法があるわけではない。言葉でうまく表現するのは難しいが、その人が自らの喪失体験を含めた一連の経験全体に新たな「意味」を与え、過去から未来へ向かう自らの人生を、一つの大きな「物語」として紡ぎ出す作業なのだ、という風にも言えるかもしれない。それは例えば、亡くなった人が自分に与えてくれた「何か」に気づき、それをバトンのようにしっかりと受け取って引き継いでいくということかもしれないし、あるいはその人の死の意味を問い続け、社会全体に共有していくということかもしれない。

埋めようのない「喪失」を、このようにして自分の中にあらためて意味づけ受け容れていくというプロセスも、「喪の作業」のもう一つの重要な側面なのである。

ここで、喪失体験の持つ「意味」を探し、「物語」を織り上げていくという作業において、しばしば重要な役割を果たすのが、亡くなった人との「対話」である。

死んだ人と対話するなどと言うと、オカルトじみて聞こえるかもしれないが、しかし皆さんも、亡くなった人に何かを問いかけてみたり、こんな時あの人だったらどう言ってくれるだろうかと、想像してみたりすることはないだろうか。これらも十分に立派な、「死者との対話」である。本稿の最初の方で私は、震災や原発事故の後に「宮沢賢治だったらどうしただろう」と考えたと書いたが、これも今は亡き賢治と、私との対話である。また青森県の恐山には、死者の言葉を伝えてくれる「イタコ」という人々がいるが、日本人が古来そのような場所を守ってきたのも、死別体験を昇華するために、そういう対話を必要としたからだろう。

宮沢賢治も、妹トシが死んだ翌夏、妹と「通信」を交わしたい一心で、一人北を目ざして樺太まで旅をした。その道中で苦しみつつ綴った「青森挽歌」という詩では、「なぜ通信が許されないのか／許されてゐる、そして私のうけとつた通信は／母が夏のかん病のよるにゆめみたとおなじだ／どうしてわたくしはさうなのをさうと思はないのだらう」などという独白が記されており、賢治が亡き妹との「通信」を、いかに切実に求めていたかがにじみ出ている。

「風の電話」が、まさに「電話」であることの本質的な意味も、このような「死者との対話」の場を提供してくれるところにあるのだろう。できることならもう一度、亡くなった人と話をしたいと願う人は多いだろうが、恐山へでも行かないかぎり、普段の生活ではなかなかそんな状況はありえない。いつまでも死んだ人のことばかりを考えていてはいけないと、自分でも思い、周囲から言われることもあるだろうが、しかし本当は心の中には、その人に問いかけてみたいことは、山ほどあるはずなのだ。「風の電話」という舞台設定は、こういった方々にとって、大切な故人と一対一で、誰にも邪魔されず、安心して向き合える場所を、提供してくれているのである。

カプランというアメリカの心理療法家は、『声は決して消えない』と題するその著書の中で、「人間の死別体験とは、死者との持続的で終わることのない対話である（筆者訳）」（註９）とも書いている。私が精神科の臨床で出会った多くの方々も、そのような対話を通して、故人から自分の人生に新たな意味を与えてもらったと感じたり、あるいは真の意味で「生存者の罪悪感《サバイバーズ・ギルト》」から解放されたと、私に語って下さった。

すなわち、亡くなった人の存在は、生きている人々の中にはずっと生き続けており、跡形もなく消えてしまうものではない。私とその人との関係は、その人がまだ生きていた時の間柄とは、違ったものにならざるをえないが、しかしそれでも二人の関係は、今も続いているのだ。

「風の電話」とは、そのような新たな関係を仲立ちしてくれる基点であり、それぞれの「喪の作業」を助けてくれる場所なのだと、私は感じている。

第5章　精神科医より2「風の電話」で悼む

クレイグ・ヴァン・ダイク

２０１４年5月2日、私は東北新幹線はやぶさ67号で東京駅を発った。２０１１年3月11日の東日本大震災によって被害を受けた大槌町の被災者を対象としたこころのケアに取り組む認定ＮＰＯ法人「心の架け橋いわて」チームに合流するためだ。推定40フィートの高さで押し寄せてきた津波は30分のうちに町を飲み込んでしまった。町は壊滅状態となり、住民１５０００人のうち約１割の人々の命が奪われた。そして今なお多くの被災者は行方不明のままだ。

盛岡駅で下車し、ＮＰＯ団体を率いる外務省所属の精神科医、鈴木満先生や他のメンバーと合流した。昼食後に車で3時間、満開の桜並木に縁取られた遠野渓谷を通り釜石に到着し、そこで一夜を過ごした。翌朝、釜石の隣町大槌町の郊外に広がる高台を目指した。その高台には佐々木格氏が所有する「ベルガーディア鯨山」があり、そこに設置された「風の電話」の記念セレモニーに参加するためだ。その日は澄み渡った空が広がり、丘からは遠くに湾が見渡せたが、そこは

記念セレモニーの Dyke 先生と佐々木ご夫妻

多くの人々が亡くなった場所である。「ベルガーディア鯨山」は、イギリス風の素晴らしい庭園で、そこに佐々木氏が２００７年に商業施設で見つけ出した解体直前のイギリス式電話ボックスが設置されている。当初は、彫刻的要素として使うつもりだったが、２０１０年に癌で亡くなった従兄に風に乗せて想いを伝えるためにダイヤル式の電話をそのボックスに設置した。２０１１年の福島を含む東日本大震災の後、佐々木氏はその電話ボックスが、被災者に死別した大切な人と個人的な会話ができる機会を提供できることに気付いた。それは想像力に溢れた発想であり、かつ実用的でもあった。この取り組みは、19世紀後半から20世紀初期にかけてよく行われていた死者の霊を呼び寄せようとするまやかし的な手段とは全く異なっていた。生存した被災者にとっては、社会的にも適切で、公明かつ誠実なやり方で死者ともう一度交流を築くことできる手段であった。なんと素晴らしい方法だろう！「風の電話」は、津波で亡くなった家族や友人、ペットと会話が出来るように設置された。セレモニーの当日は世代を越えて、多くの人が語らい、音楽を聴き、そして電話ボックスの前で順番を待っていた。それはとても強く心を揺さぶられる光景だった。

私は、当初、佐々木氏の発想はとても創造的だが、大槌町が地理的に孤立した場所にあるため、正直なところ地元の人々以外にとってあまり利用されることは無いのではないかと思っていた。まさか世界中に知られるようになり、死別した大切な人と会話をするために多くの人々が現地を巡礼のように訪れることになるとは想像していなかった。数年後、サンフランシスコ・ベイエリアで精神科医をしている次男と夕食を取っているとき、私は自分の想像力の乏しさを強く実感した。息子は、「風の電話」を話題にし、テレビ番組でも観たしラジオ番組でも聴いたと話し、私がそれについて何か知っているかと尋ねてきた。これには私は完全に不意打ちを食らった。

矢永由里子氏から本書への寄稿の依頼を受けた今回の機会に、「風の電話」の現象を考え、多くの人を惹きつける魅力について精神科医の観点から考えてみたいと思う。

最初に浮かんだテーマは、人間の愛着の重要性である。愛着とは、生殖と、幼児や子どもの生存の両面にとって無くてはならないものであり、われわれの生物学的なところを源とし、人が進化していく上で非常に重要なものである。しかし愛着とは、また心理的、社会的、文化的にも重要な意味を持っている。愛着は人生に意味や価値を与えるものであるが、同時に心情的な代償を併せ持ち、喪失の場面においてわれわれはその代価を支払うことになる。大切な人を失うことはとても辛いことだ。怒り、抗議、不安、うつ、心理的麻痺、泣き叫び、見当識障害、不注意、睡眠障害、食欲不振、死別者の一過性幻聴や幻覚が残された人に出現することは知られている。これらの症状は数年に亘って持続する可能性があり、人によっては回復が難しい場合がある。またそこから回復した後も、自分とは何者かという自己意識や世界観は永遠に変わってしまう。自分たちに恐ろしい結末など起こることはないだろうという否認も終わりになる。「なぜ、こんな恐ろしいことが私に起こったのか」と自問することになる。

人が愛する人の死に直面したとき、「昔のもっと安心して過ごした過去を思い出し、ほんの少しの間だけでも、亡き人が今生きているような経験を味わいたい！」と思うのは不思議なことだろうか。人が、亡き人へ、愛情や変わることのない愛着、生前に表現出来なかった思いや感情——そこには生前に解決できなかった問題への許しを請う気持ちも含まれる——、そして現在の生活状況について語りたいという気持ちを持つのは当然のことである。これらの切望がいかに強いかは、亡くなった人との交流を記した本や、その交流のやりかたを示す手法やツールへの人気の高さが証明している。私たちはこの強い想いを、プロのスポーツ選手たちがゲームに勝利したときに空を指差して「あの世にいるお父さん、お母さん、この勝利をあなたたちに捧げます」という姿にも見ることができる。

悲しみは普遍的だが、その表現の仕方は文化によって異なる。日本では儒教や仏教の教えに沿った孝行の徳や家族の絆を大切にすることが重要とされる。そのため先祖崇拝は日本人の生活の一部となっている。多くの日本人はその家系が数世紀に亘り、中には千年以上辿ることができる場合もある。家のなかにはたいてい仏壇が祀られ、先祖に毎日お仏飯を供えている。家長である長男の聖なる義務の一つは、家族代々の墓を守ることだ。先祖が日々頭上から自分を守護し、生活を導いてくれていると信じ、先祖と常に気持ちの交流を行っていると語る日本人の同僚の話は、先祖との強いつながりを示すその一例だ。彼にとって、先祖は実在し心に安らぎを与えてくれる。先祖に対する愛着は生きている家族に対して抱くものとほとんど変わりないのだ。彼は、自身の人生は永く受け継いできた家の歴史の中のほんの一瞬に過ぎないと考えている。彼は先祖の恩恵を自分が受けており、彼の子孫もまた彼から同じように恩恵を受けるだろうと考えている。彼にとって、先祖を敬うこと、そして個人の功績は先祖のおかげだと謙虚な気持ちを抱くことは家族としての務めなのである。

精神科医として「風の電話」に最も興味を引かれる点は、心理療法とコミュニケーションの持ち方との関連性である。なぜ、大切な人の死を悲しむ人は、線が繋がっていない電話で声に出して話すことで気持ちが和らぐのだろうか。

心理療法家は、クライエントを理解するために適切な共感を持つように努める。文字通り、相手の靴を履くような感じで、クライエントが語る物語、クライエントと周囲の人々とのつながり、価値観、生活状況、世界観を理解しようとする。もし、心理療法家が、クライエントが直面する困難な状況について、今後本人がどのように見定めて対応するのかについて正確に予見するという深い洞察ができ、それをクライエントに示すことができれば、クライエントにとって力強い治療的な体験となる。心理療法家の的確な共感は、クライエントの実存的な孤独感を軽減し、自己への信頼感や受容、自分のことが分かってもらえたという安心感を促す。それは、クライエントのそれまで押さえつけていた思いや感情を表出させる機会となり、多くの場合は精神的な成長をもたらすこととなる。

時に、心理療法家の助言や洞察は、クライエントの動機や行動、感情に対しこれまで本人が持っていた受けとめを大きく変えることもある。私は患者から「さっき言われた言葉で私の人生がすっかり変わりました」と幾度も言われた経験がある。心理療法のセッションの過程で私が発言した多くのコメントのなかのどの部分が影響を与えたか、その手がかりを見出すのはいつも難しいが、クライエントにとってセッションのなかで得た考えが本人の核心を突き、本人の語る物語を完全に書き換え、人生を新しい観点から見つめ、そして、前に進むためにこれまでと違う道を見出していくことになる。またあるときは、支持的で理解のある心理療法家の存在を得ることで、クライエントは心理的なカタルシス（精神の浄化）を経験することができる。このようなカタルシスとは、怪我によって生じた膿を切開することと同じ意味を持つ――膿を出し切ることにより、過去の傷が癒やされていくのだ。

だが、「風の電話」では、心理療法家はおらず、的確な共感や、助言、リフレーミング（訳者注　精神療法の一つ―物事を別の角度から新たな見方で捉え直すこと）、専門家による解釈は不在だ。一方で、秘密が守られ、声に出して話せ、感情を吐露することが保障されている空間であるという点では心理療法と共通している。心理療法家不在の、表現や想像に富んだ心理療法と言えるだろう。

一人きりになれる電話ボックスでは、心理療法家がいたならば厳しい目で判断されないかと心配するような、社会的に受け入れられ難い自分の一面を表現することができるかもしれない。声に出して話すことは、嘆き悲しむ人に、自身の無意識、あるいは前意識的に行ってきた精神処理を、意識的な気づきへと持ち込み、認知的な処理へと転換させていく。空白は埋めなければならないし、バラバラに点として呟いていたものをつなぎ合わせ、説得性のある一貫したコミュニケーションにする必要がある。相手に理解してもらうためには、言葉を選び、説明をし、理由付けをし、表現することが求められる。相手に聞こえるように伝える作業を通し、心の隠れた部分を開け放ち、感情を解放する。自身の心の声を聴くことや感情の解放を体験することは、自身を振り返るというフィードバックの流れを生み出していく。悲嘆に暮れる本人に、自分について客観的に眺め、観察し、自身についての理解を得る機会をもたらす。本人が語る全ての言葉、感情、そして身体的な反応は、自身の内省（例として、思考を意識的なものとする）と無意識的な精神処理の両方を本人に明示していく。そして、そこで得られた新たな気づきを本人が統合することで、精神の混乱した部分に秩序が生まれ、そして癒しへとつながるのだ。そうやって亡くなった大切な人との関係は継続される。しかし、その関係とは生前のものとは違ったものとして形作られていく。

なんという交流だろうか！コミュニケーションの通常の定義は、相手が理解できるような形で想いや感情を表現することとしている。もし相手から理解されないようであれば、それは誤ったコミュニケーションとされている。では「風の電話」で実際話したい相手と繋がっていないことが重々わかっていながら声を出して語ることは、コミュニケーションだろうか。話したい相手へメッセージが届きその内容を理解してもらうことが、癒しには必要なのか、それとも、相手へ伝わっていると信じることで十分なのか。死者とのコミュニケーションで有利な点は、メッセージが相手に伝わり、理解され、受け入れられただろうかという本人の前意識的な疑念が邪魔にならないところにある。

「風の電話」の魅力と治療的な力は、人々を巡礼の旅へと誘うその行為のなかに在る。そして、人々が胸の内に閉じ込めた想いや感情――「風の電話」の神聖さに触れるまではその適切な表現の仕方が見い出されなかった部分――を社会的に受け入れられる形で表現することを容認することに在る。ここで展開されているのは、訪問者が独自で行うグリーフワークであり、そこでは、本人の最も奥深い想いや感情を、自身と、想像力で一瞬の間生き返った愛おしい人、その両方へ声を通して伝えるということが起こっている。

佐々木氏の洞察と努力に、故人を悼む人々は心から感謝しているに違いない。

（監訳　矢永由里子）

第6章　教育者より「風の電話」ハーバードにゆく

イアン・ジャレッド・ミラー

佐々木格氏の「風の電話」は、２０１１年3月11日に起こった日本の「三重の災害」――地震、津波、核の危機について教える私の授業のなかで最も強力な教材の一つである。(1) ３月11日の震災についての授業で、学生たちは、彼らにとって馴染みが薄く見極めが難しい次のような問いに取り組む必要がある――核の危機と放射能汚染、大規模災害とそれに伴う混乱、そして人生のどこかの時点で私たちは愛する人を失うという避けがたい事実。米国の高等教育は、最近、狭義の経済的な関心からいわゆるＳＴＥＭ（Science 科学、Technology 技術、Engineering 工学、そして、Mathematics 数学）分野のみを執拗に追い求める傾向にあり、人文科学分野の重要性を見失いつつある。若い男女を無駄のない効率的な勤労者へと育成することを急ぐあまり、豊かな伝統や文化の世界から彼らを切り離している。しかし、伝統や文化とは、彼らの心を生き生きとさ

(1) 風の電話を初めて紹介くださったプリンストン大学の Ryo Morimoto に感謝申し上げる。

せ、激動の時代を生き抜くために必要なレジリエンス（訳者注：再生力）を見出すことを助けるものなのだ。わたしたちは、重要なことを見失っている——人への共感、思慮深い配慮、知的創造性が人生の成功に不可欠であること、そしてそれらを若い世代に教えることができるということを。経済と技術の変化は速く、また予測不可能であるが、一方で、ある種の問いは人間にとって根本的なもので変わることはない。たとえば、愛する人を失うとはどういうことなのかという問いは、その一つである。死別の悲しみを考えることは、生きること、「残されること」の意味を考えることである。死は生存者を作りだす。だからこそ、佐々木格氏の「風の電話」を授業で取り上げている。「風の電話」は、人文科学を探求する意味で、また人文科学が定義する喪失を考えるうえで、一つの方法となる。3月11日の震災以降の日本を学生たちが理解するための導入となるのである。

ある意味、多くのハーバード大学の学部生は、日本の特定のものに親しみを覚えている。彼らはオンラインストリーミングを通じて、多数のアニメに即座にアクセスできる世代である。クラスには、〝クールジャパン〟のエキスパートとして、*One-Punch Man*（ワンパンマン）や*Rorouni Kenshin*に精通している学生もいる。村上春樹や村上隆などの作家やアーティストの作品を知っている者もいる。そのため、アジア環境史の私の授業では、3月11日に関する科目として、竜田一人の漫画「いちえふ」の英訳を読むことから始めている。竜田の「労働者メモワール」（福島第一原子力発電所労働記）は、壊滅的な環境における作業員の労働と友情の作品であり、学生たちをファンタジーの世界から現実の問題へと関心を向かわせる教材である。「風の電話」も、これに類似した役割を持つ。学生たちはまず、佐々木氏の創作について、有名なラジオ番組「This American Life」[2]で制作された、国営公共ラジオ（ＮＰＲ）のMiki Meek（ミキ・ミーク）レポーターによる素晴らしい２０１６年ポッドキャスト"Really Long Distance"を聞くことになっている。ミーク氏は、「風の電話」を英語圏の聴衆に聞かせるためにＮＨＫ番組のインタビューを英訳した。この番組を学生たちが大震災後の東北地方を理解するうえでの足がかりとした。この電話ボックスに立ち寄る人々、男性、女性、子供たちがどういう人であるか――この人々を取り巻く日本の周辺状況については多くの学生たちはぴんと来ないだろうが、「風の電話」に立ち寄る人々が抱く気持ちは、文化の違いや地理的距離を越え彼らも明らかに理解できるのである。

まずアカデミックの観点から、学生たちは電話ボックスを一つの追悼の形式と分析する。そこ

（2）Miki Meek, "Really Long Distance," September 23, 2016 in This American Life podcast, MP3 audio, 22:00, https://www.thisamericanlife.org/597/one-last-thing-before-i-go/act-one

で授業では、次のような問いかけから始めることにしている――「佐々木氏の創作のなかで、具体的にどのような追悼がなされているか」。もっとも明らかな答えは、もちろん佐々木氏自らが提供している。読んでいて心が揺さぶられる「風の電話」創立の起源に関する佐々木氏の説明のなかにその答えを見出すことができる。しかし、佐々木氏はその後、電話ボックスの扉を一般へ開いていった。それは、訪れる人々の様々な記憶の扉も開いたと言える。授業では、この記憶の様々のありようを、日本人の体験の多様性を理解する手がかりとして学生が探索すること――それは日本が「均質的な社会」という考えに挑戦することでもあるが――を促していく。そして同時に自分を振り返り、自身が置かれている状況についても同じように考えを進めていくことを期待する。２０１１年の危機に対しなるべく多くの側面について検討を深めていくことを奨励していく。われわれの最も広義の期待は、学生が危機に対して、健全で、相手を尊重し、そして創造的な回答を考えることができるよう手助けすることにある。丁度、震災における喪失に対し、佐々木氏が力強い光を放つような創造的な回答をしたと同じように。

授業で目指すゴールの一つは、英語で「March 11」、日本語で「東日本大震災」と一括りにされている出来事を分解していくことである。今回のような日本史に残るような極めて重要な出来事に「大震災」と一つの名称を与えたとしても、単一の「正しい」捉え方でこの事象を捉えることは不可能である。一つの回答で解決するにはあまりに規模が大きいため、授業では学生たちにこの出来事をいくつかに分割して考えていくよう促している。これは、困難な問題を検討する際に役立つ社会科学あるいは人文科学上の分析方法である。「March 11」の基本的な構成要素の概念を理解するため、まず学生は、様々な具体的な課題を検討していく――減災政策と国家エネルギー政策から、都市化、高齢化と地方の過疎化、東北の漁業と海産物の大都市の需要、そしてもちろん過去をどう認識するかという文化的歴史まで。これらのテーマに取り組むことで、彼らは自然災害とは、とりもなおさず常に社会的でかつ個人的なものであることを理解するようになる。そして、お互いに次のような確信を共有するようになる――March 11の時とそれ以降の日々に、何万という人たちが愛する人を失ったということを。そして、その数以上の、何百万という人々が様々な心情とともに、メディアが「東日本大震災」とひと言で表現する出来事に関与しているということを。佐々木氏のこの素晴らしい追悼のあり方は、学生に、大災害は非常に個人的体験でもあることを気づかせてくれる。大槌の風に乗せられて語られる物語がそれを如実に表わしている。

災害は政治的要素を持つ。権力や資源とも関係し、誰がそれを手に入れることができるか、誰ができないかというテーマも派出する。地域の事情が県レベル、あるいは国レベルの政策とどう影響し合うかについて、岩手県の大槌町や福島県の浪江町を例に見ていくことで、学生は、出来事を検討する際にどのレベルの目盛を使うかで、その出来事に投げかける質問も異なり、その結果異なった見解を得ることになるということを学ぶのである。政府や東京の大企業の利益と、風の電話で話す人々の関心は必ずしも一致するとは限らない。「風の電話」は、ハーバードの大学生に――彼らの多くは国のトップレベルのキャリアに就くが――、「政策」や「解析」というものは、抽象的なものではないということを理解させてくれる。政策とは、そこに日々暮らし実在する人々に影響を与えるものなのだ。そしてこの実感が、他者への共感をわれわれが育む一つの方法となるのだ。

追悼とは、複雑で文化的要素を含んだ政治を学ぶ際の素晴らしい場を提供する。追悼という行為は、地域と国家を結びつけながら、コミュニティを結束させることができる。そのため、それは公的な注目もしばしば浴びることになる。多くの政府は、数々の追悼式を国家のアイデンティティという共有された感覚を作り上げる機会となるよう賛助する。時には過去の芳ばしくない部分を隠すために利用することもある。誰が追悼され、誰が追悼されないか――これは明らかに政治の事案である。これについては、フランスの歴史学者、ピエール・ノラ（Pierre Nora）の「記憶の場」（lieu de mémoire）の有名な分析がある。「記憶の場」は、しばしば強力な利益によって、国民に共有される伝承の象徴として形作られるとノラは論じている。地方の出来事や個人の体験の物語を、国レベルの目的に添うものとしていく。私たちは多くの例を知っている——アメリカのアーリントン国立墓地の無名戦士の墓、日本の広島平和公園、また世界中にあるユネスコの数々の世界遺産など。靖国神社も、*lieu de mémoire*（記憶の場）(3)である。これらの場所は、純粋に中立を保つということは決してない。これらの場所は、ある特定の関心に添う形で存在する。学生達は、このノラの論評を、日本で行われる追悼に関する記事や新聞と共に読んでいる。彼らは、日本やその他の地域において、各地域の多様な出来事や歴史が、国レベルの「日本の」記憶を作り上げるために一まとめにされ均質化されてきたのを知るのである。学生たちは、そこにリスクがあることを即座に気づく——それは、地方の出来事がメディアの捉える大々的な「March 11」のなかに埋没するリスクだけではなく、東京という場所から見ることで、東北北部の実態が、三重の大震災の一つ、福島第一原発事故の影に隠れてしまうという非常に深刻なリスクがあるということを。

では、人々の結束を促しつつ、March 11の大惨事の多様な出来事をあるがままに維持しつつ行う追悼とはどのようなものがあるだろうか。最善の追悼のあり方とは、災害後に人々が抱く悲

（3）Pierre Nora, "Between Memory and History: Les Lieux de Mémoire," *Representations* 26 (Spring 1989): 7-24.

しみや孤立感を解消していくのに役立つものである。その追悼は、人々の苦悩により広い意味を与えつつ、その苦悩を慰めることができる。

授業の最後に学生に宿題が与えられる。それは、「三重の災害」のどこかの側面に焦点づけ、追悼のあり方を自分なりに組み立ててみるというものである。そして、各自の選択についてその根拠を述べることになっている。自分の考え出した追悼の方法で、誰が追悼され、誰がされないのか、そして、その追悼の目的は何か。佐々木氏がその素晴らしい光景とともに創り出す、謙虚で、力強く、そして個人的な電話ボックスについても学生に分析を求める。そして「風の電話」がどのように機能し、なぜそれがとてもうまくいっているのかという質問にも学生は答えなければならない。ここで特記すべきことは、どの学生も皆、この電話ボックスに深い愛情（love）を寄せている点である。彼らにとって「風の電話」はとても好感の持てる追悼のあり方なのである。今期授業を取った学生たちに、なぜ、「風の電話」がこれほどパワフルと思うかと尋ねると、彼らの多様な背景と同様に、様々な答えが返ってきた。今期の授業には、中国、インド、日本、韓国、台湾、そしてタイからの留学生と、アメリカのほぼ全ての地域からの学生達（総計7ヵ国の出身）が参加していた。ある学生は、電話ボックスは、カトリックの告白に似ていて、この世とあの世を和解させてつなぐ働きをしており、話す行為自体が治療的機能を持つようだと語った。

2018年、シンポジウムにて

「訪れる人に、ある種の赦しも与えているのかもしれない」と彼は述べていた。また、別の学生は、東京の彼女の自宅にある「仏壇」との類似点について注目していた。数名の学生は、電話のダイヤルを回す儀式について言及した。ある学生は、「多くの人は、亡くなった家族親族が生きているときにこうやって話していたのだ」「電話ボックスでダイヤルを回すという身近な行為を通し、死者と語るというタブーを破るのだ」と述べた。そこから私たちは、この儀式的な行為はアメリカでも通用するかどうかを議論した。ある学生は、アメリカの全ての教会の庭か墓地に「風の電話」を持つべきだと言い、別の学生は、もっと片田舎に置いた方が良いのではないか、その方が、自分たちの慣れ親しんだ土地を離れ、目的地を目指すという巡礼の感覚を人々が持つ機会になるかもしれないと答えた。最後に、ある若い女子学生が、「風の電話」は、究極の「民主主義」ではないかと語った。「風の電話」は、誰でも来たい人を皆受け入れ、そして話したい人誰とでも話すことを許しているから、そして、声に出すという行為は他の人々と共有されるが、電話でその人が語る特定の話はあくまでもその人個人のものとして守られているからだと答えた。

これこそが、私が学生たちに「電話を、いない人に――あるいは、もしかしたら、いるかもしれない誰かに――かける」という考えを紹介したときに、彼らに理解してもらいたいと望んだ点である。彼らに、各人の記憶を大切にする「風の電話」の学びを、自身の世界の理解へとつなげて欲しいと願っている。そしてまた、日本と東北について新たなことを学習する機会になればと思っている。東北、それは私が故郷と呼ぶところであり、マサチューセッツ州、ケンブリッジの学生たちに多くのことを教えてくれる土地なのだ。そのことを、佐々木氏の素晴らしい追悼のあり方がすでに証明している。

（監訳　矢永由里子）

第3部　「風の電話」とそれぞれの活動

はじめに

矢永　由里子

大槌で被災者支援の活動をしていると、ふとした瞬間に心のどこかに「風の電話」の景色が浮かんでくることがある。自分たちの活動を、あの丘から静かに見守られている気さえしていた。

この部では、最初に、大槌町でいち早くＮＰＯ団体として被災住民のメンタルヘルス支援に取り組んだ「心の架け橋いわて」のメンバーの方々に、ご自身の活動にも触れながら、それぞれの専門の立場から、「風の電話」について語っていただいた。

次に、若手の心理臨床家のお二人に、「風の電話」を訪れた人々が綴ったメッセージをまとめた経験と自身の心理臨床とをつなぎ合わせた率直な感想をお願いした。

第７章は、鈴木満先生、長谷川朝穂先生、中田信枝氏によるコメントである。

「認定ＮＰＯ法人　心の架け橋いわて」のメンバーとして、被災住民を対象としたサロンや現地の支援者との見廻りの同行、現地住民活動の支援、専門職の養成などを長年に亘って活動している息の長い精神保健の支援団体である。筆者も3年間活動に参画していた。

設立者で理事長の鈴木先生は勤務の関係上世界を飛び回っているが、本書では、その躍動感とともに旅日記という形で、ご自身の喪失体験と「風の電話」のテーマである「ことば」、そして「ことば」を発し・伝え・受けとめること、身体とこころの両面での悲しみの受けとめ等が書かれている。本文に記載されている故上田雅士氏はこの現場中心の活動をずっと支えてくださった事務局長で、筆者も何度か道中をご一緒したことがある。ご冥福を心よりお祈りしたい。

長谷川先生は鈴木先生と同じく精神科医である。「風の電話」で「話せた・話せなかった」が重要なことではなく、そこでの体験そのものがその人にとって意味があること、そこで私たちは亡き人を想いつつ自分の生き方も見つめる機会にもなるのではと鋭く語りかける。

中田氏は会の立ち上げからの主要メンバーで、精神科看護師である。毎回の活動に強い使命感を持って携わっていることを筆者は一緒に活動していて感じていた。今回の文章から、ご自身の震災体験が、現在の支援活動へとつながり、住民との出会いに結びつき、そしてまたその出会いがご自身にも力をもたらしているという支援の大きな循環した流れを知ることができた。

次に、心理臨床家として3年目の井上志乃氏と塚本裕子氏に、今回の本作成に直接携わり、また「風の電話」を訪れて佐々木ご夫妻とも交流を持った経験をもとに、心理臨床の学びの視点から「風の電話」について寄稿してもらった。二人には4冊のノートから訪問者のメッセージを読み解いてもらった。「若い人に是非、今回の本に参加してもらいたい」という佐々木ご夫妻の希望もあり、大学院の心理臨床の実習スーパービジョン時に出会った若手二人だが、一つ一つの事例に丁寧に当る姿を見て、今回の本作りに誘ってみた。一緒に東北を訪ね、被災地を共に歩いたが、その豊かな感受性でグリーフケアについて多くのものを学んでいるようである。

第7章　現地活動の専門家より「風の電話」を語る

1、「風の電話」いのちとことば

鈴木　満

中東の空から

シンガポールからドバイを経てヨルダンに向かっている。10時間を超えるフライトだ。アラブの人たちに囲まれた機中でこの原稿を書き始めた。

隣から覗かれたって何を書いているかわかりはしないけれど、ある「ことば」に向かうと涙が溢れて書けなくなる。ハンカチを眼に当て鼻をすすりパソコンに向かう東洋人はさぞかし奇妙な乗客に見えただろう。こんなことで原稿を書き終えることができるのだろうか、と思いながらその「ことば」に続くことばを先送りにする旅を続けている。

思えば二十歳を過ぎてからずっと旅をしている。横浜から盛岡、盛岡からロンドン、盛岡から東京、そして東京から大槌。これまで訪ねた国は百を超える。いつも道連れは自分だけ。孤独だが豊かな時間でもある。世界各地への出張の合間に大槌に通って7年になる。

震災前から広大な岩手の精神科医療を考える仕事をしていた。けれど盛岡から大槌に足を運んだことはなかった。大槌には出張の足場となる精神科医療施設がなかったからだ。

震災の2年前に東京に軸足を移した。毎週金曜日に岩手医科大学の客員准教授として教育と研修を行っていた。震災後も飛行機や高速バスを乗り継いで盛岡に通い、全国からの支援専門家の調整作業を担当した。支援の足場のない大槌への専門家派遣は、震災前からの課題でもあった。

風が運ぶもの

鯨山の佐々木さんを初めて訪ねたのはたしか2012年。震災支援が縁で大槌に移り住んだ沖縄出身の青年が「先生、凄いとこ連れてくよ」と言う。一緒に向かったのが鯨山だった。

脳の奥深くに潜んでいる、いきものとしての記憶を呼び覚ます様な風が吹いていた。風は空気が動くだけではない。風はことばにならない何かを運んでくる。五感を超える感覚をいとおしむ空間がそこにはあった。

特別の風が吹く日がある。「ああ季節が今日変わるな」と感じる風。いつかどこかで感じた何かを蘇えさせる風。そういう感覚があるのはわかっていたけれど、ことばに置き換えようとした瞬間に消えてしまう。雪の結晶が手の平で溶けてしまうように。

鯨山には、縄文の時代からの空、水、土、石からなる空間と、あらゆるいのち、そして時間がもたらすリズムとハーモニーが考え抜かれた庭園があった。奔放な感性と緻密な計算とが相成り立つ「凄いところ」だった。

海を見下ろす庭園の一角に風の電話があった。「繋がっていないのに繋がる？ そうではない。繋がっていないから繋がるんだ」。風の電話の逆説は、鯨山を下りても頭から離れなかった。

別れのことばのない別れ

17年前に一つ違いの兄を亡くした。45歳。過労による突然死だった。別れのことばは言えなかった。兄は繰り返し夢に現れた。「どうして死んだのに家にいるの」「仕事はどうしてるの」、同じ問いを兄に繰り返した。夢の中の兄は歳を取らず、問いに答えることもなかった。理屈では、いなくなったとわかっていても、いつだって夢の世界に兄は住んでいた。夢の中の自分は、兄の死を受け入れられずにいた。

8年前に母を亡くした。くも膜下出血で倒れ2年間寝たきりだった。意識は一度も戻らなかった。兄に別れの言葉を言えなかった母。その母にも別れの言葉が言えなかった。母の遺品整理で、筆者と妹の小学校の通信簿が出てきた。兄のものは無かった。あんまりつらくて捨てたんだな、と思った。「おかあちゃん」とつぶやいたら嗚咽した。その先のことばは出てこなかった。いつしか兄は夢に顔を出さなくなった。

生老病死に寄り添う仕事を選んだ。自らいのちを絶つ切なさに何度も立ち会った。メスを持たない精神科医はことばで治療をする。しかし兄を失った母にかけることばは見つからなかった。自分は一体何をやってきたんだろう。不条理な「いのち」の有様を、納得できる「ことば」で語ることはできるのだろうか。

ことばにすることで、壊れてしまいそうな自分を保つ自信がなかった。本当に大事なことゆえに直面できない、だからこそあえて直面しない。何冊も専門書を読んでわかったつもりになっていた悲嘆反応を体感してみて、診察室の中だけで使ってきたことばの無力さを思い知った。

嘆きの壁にて

ヨルダンをあとにしてイスラエルに飛んだ。

冬の嵐の中、エルサレムにある嘆きの壁を初めて訪れた。嘆きの壁は、紀元前に建造されたユダヤ教神殿の一部。地上部分の壁だけでも高さ19メートル、幅57メートルある。世界中に離散したユダヤ教徒がこの壁を訪れ、神殿の破壊を嘆き復活を祈る。石畳の広場をはさむ対側には、多くの巻物に記された経典が並んでいる。壁の前で祈りを躊躇している人は見かけない。皆ひたすらに祈りの言葉を捧げている。彼らにとっての祈りは日常のものでもある。祈りのことばは成文化されており、祈りの向こうにある存在は、唯一の神だという。

嘆きの壁はユダヤ教信徒全体の祈りが集まる聖地であり、集団としての祈りの場であるが、石段の隙間には来訪者の願いをこめた無数の紙片が挟まっている。幾千万の信者が訪れて額や手をあてた壁は、幾千万の人々のそれぞれの祈りも聴いてきたのだろう。

風の電話で話されることばに、決まりはない。経典も戒律もない。自分の愛する人にことばを伝える一人きりの空間だ。嘆きの壁での祈りと共通するのは、いのちの不条理に対する深い悲しみと再生への願いである。どちらにもメンタルヘルスの専門家が介入することはない。

こころに映る世界とからだのかなしみ

われわれと世界を繋いでいるのは知覚だけではない。目を閉じても、耳を塞いでも感じる世界がこころの中にある。本当に見て、聴いて、触れているのは外側の世界ではなく、こころに投影されている世界だ。その映り方はひとそれぞれ。そして映り方は時と共に変化する。たとえ世界は変わらなくても、こころに映る世界は変わるのだ。

脳の中心に近い部分には、いきものの進化の歴史が刻まれている。ことばを持たなかったはるか昔の祖先と同じ脳の構造が、今も残っている。愛する人を失った時の、胸が張り裂けるような、腸がちぎれるような、体全部からの叫びは、そういった「旧い脳」の奥底から絞り出されるからだが示す悲しみだ。いのちを守るための情念の表出と言ってもよい。

ヒトは進化とともに、「旧い脳」を包み込むような「新しい脳」を持った。「新しい脳」のおかげでことばを使いこなすようになり、過去と未来をつなぐ時間の概念を手に入れた。ことばのおかげでヒトの群れは地球の隅々に拡がり、時を知ることで過去を悔やみ、未来を憂うことを覚えた。

からだのかなしみを、ことばに置き換えることは難しい。ことばにしないことで、からだのかなしみを見ないふりをすることもできる。しかし、からだのかなしみがあまりに強いとき、ことばだけでは自分を守れない。そんなとき、ヒトはことばを失ってしまう。からだのかなしみは五感を超越するからだ。

それでも「旧い脳」の情念と「新しい脳」の感情が同期した時のことばには、特別の響きがある。感じること、ことばにすること、伝えること、受け止めることが一つになって共鳴する。

極寒のサンクトペテルブルク

1月の中東出張からいったん東京に戻り、欧州を巡回している。ロンドンからロシアのサンクトペテルブルクに到着した。氷の都は寒さが少し緩んでもマイナス7度。芯まで冷える。迎えてくれた同僚と地元の料理屋に入り、シチューと赤ワインで体を温めた。

明日は3月11日。7年前の震災の日、彼はウイーンにいて東北の惨事を知った。遠い祖国を案じていた折、「風の電話」を取材したテレビ番組を観て涙が止まらなくなった、と語り始めた。彼の父が心臓発作で突然亡くなった時の歳より、今の自分は1歳年上になった。中学1年生の時、朝方に救急車が来てそれっきり。前の晩「大人になったら一緒に酒を飲みたいな」と言われたのを憶えている。最後のことばだった。

父への別れのことばはまだ言えてない。自分が2人の息子の父親になってから、亡き父が自分達を見守ってくれている感じがする。海外勤務中にもし家族に危険が迫れば、自分の命を差し出すことに迷いはないと彼は言う。なぜなら家族は自分の体の一部だから。

幻肢という不思議な症状がある。事故で手足を失っても、手足があたかもそこにあるかのような感覚がしばらく残る、という現象を指す。愛する人は自分の体の一部。喪失による痛みが癒えるまでには、「その人の」時間が必要だ。

心の架け橋いわて

震災直後の話に戻ろう。

筆者の所属する日本精神科救急学会は、いち早く支援医療者の人材バンク作りを始めた。ニューヨークに拠点を持つ米国日本人医師会とJapan Societyが、長期メンタルヘルス支援のための資金援助を申し出てくれた。一方で、岩手県庁のメンタルヘルス担当者から、甚大な津波被害を受けた大槌町の支援を誰が担うのかという宿題を投げかけられていた。他の地域では既存の精神科医療機関が支援拠点になったが、大槌町にはそれがなかったからだ。

震災と喪失体験によって分断された地縁・血縁・職縁が再生するには、多職種による長期的な協働が不可欠だった。1933年に三陸を襲った巨大津波後に岩手を訪れた新渡戸稲造は、毛筆でUnion is Powerとしたためた掛け軸を残した。「一緒にやるべ」という意味だ。海を越えた篤志と新渡戸精神への思いを込めて。NPO法人「心の架け橋いわて」（通称　こころがけ）を立ち上げた。

こころがけのチームに入ってくれた精神科医師、看護師、臨床心理士、精神保健福祉士、ICT（情報通信技術）専門家等が全国から週末に大槌町に参集し、避難所や仮設住宅訪問、個別相談への対応、地元支援者への支援、サロン運営に着手した。普段は病院で働いている支援メンバー達は、白衣を脱いで地域社会に入り被災者の住宅に足を運ぶことで、それまで診療室の中で聴いていたことが、生活の断片に過ぎないことを学んだ。支援活動は今も続いている。

7年が経って、からだのかなしみがことばに置き換えられる場面に立ち会うことが増えてきた。喪失に勇気を持って立ち向かえるのは再生の兆しである。「風の電話」はそんな勇気を与えてくれる場所である。

上田氏を偲ぶメモリアルベンチ（森隆宣氏撮影）

風のベンチ

こころがけの事務局長として苦楽を共にした上田雅士さんは、日本ＩＢＭから大槌に派遣されたＩＣＴ専門家だった。震災直後に赴任先のラオスから呼び戻され、大槌町役場や社会福祉協議会の復旧にあたっていた。いくつかの偶然が重なって意気投合した。

３年前、上田さんに膵臓癌が見つかった。すでに末期だった。前向きに治療に取り組み、調子が良い時には大槌まで足を運んでくれていたが、昨年初め頃から病状が悪化した。

南米出張中に病床の彼から電話があった。「先生、もうお別れです」。かすれていたけれどしっかりした声だった。地球の裏側からのことばを受け止めた。共通の夢だった医療過疎地への遠隔医療の普及を約束した。

上田さんとは何度か鯨山の佐々木さんを訪ねた。死期を悟った上田さんが、風の電話のそばに遺してもらったベンチがある。共に大槌支援を担当したＩＢＭの仲間達が選んだ木造りのベンチは、鯨山の景色によく溶け込んでいる。

冷たくて静かな雨が降る去年の５月、上田さんの奥さんが初めて鯨山を訪れた。この日のために上田さんが残した金属製のプレートがあった。奥さんや仲間達が見守る中、佐々木さんが２本のネジでベンチの背もたれに取り付けたプレートには「愛する君と伴に」と刻まれていた。必ず訪れるであろう妻への別れのことばであり、妻との再会のことばだった。そして、愛する人々を失ったすべての来訪者へのメッセージだった。

泣きはらして電話ボックスから出てきた奥さんは、どこか清々しい目をしていた。

風の電話という小宇宙

欧州から東京に戻った。釜石線に乗り鯨山に向かっている。この電車を降りる前に筆を置くことにする。

鯨山の風を感じ、電話ボックスの前に佇むと、いのちとことばへの想いが、拡がり深まっていく。湧き上がる自問、喪失感の反芻、絶望と希望の交錯に、多くの来訪者のこころとからだが揺さぶられる。本稿は、そういった「風の電話体験」への敬意と、その体験を解析しつくせない無

こころがけの多職種チーム。佐々木夫妻のもとに日米のメンタルヘルス専門家達が参集。

力感をこめた旅日記となった。

「風の電話」で繋がる相手は、愛する人々であると同時に自分自身である。愛する人々は自分の体の一部になっていて切り離すことができない存在だ。自分自身とは過去の自分ではなく、「今」自ら受話器を手にしている自分の内的世界だ。

「風の電話」は、愛する人々と自分とが一体となる自他同一の空間であり、からだのかなしみとことばが同期し共鳴する小宇宙なのかもしれない。

いのちとことばは、自分にとってこの世の旅のテーマだ。ことば足らずのままではあるが、もう少し旅を続けてみよう。

2、「風の電話」で亡き人と話せなかった人へ

長谷川　朝穂

かの大津波の被害を免れた高台には美しい庭園があり、そこにはどこにも線の繋がっていない電話ボックスがある。今は亡き人と話をするため、多くの人が「風の電話」を訪れるという。美しい場所を訪れる時、ああ、誰それとここに来たかったな、などと思うことがあるとすれば、その誰かとは、おそらく自分の大切な存在である。ならばこの庭園は、愛する人とともに訪れるに足るところである、あるいは心の中で語りかけるにはうってつけの場所でもある。

ここで電話ボックスの存在は大きい。ガラスで区切られたボックスと電話機のおかげで、ここにいない誰かと話をするきっかけが与えられるのである。

しかし、ここを訪れるのは、亡き人と会話ができると本気で信じている人とは限るまい。受話器を取って話しかけても、かの人の声を聴くことなどできない、という人にとって、「風の電話」は果たして意味があるのだろうか？

では、試してみようではないか。大槌町は遠いので、自分の住むまちにある公園に出向いてみ

私の「風の電話」ボックス

た。ベルガーディアと違って海は見えないけれど、遠くに山並みを望むことができるこの公園は、私のお気に入りの場所である。もちろんここに「風の電話」は設置されていない。どこか適当な場所はないだろうか？　私は公園の高所にある四阿《あずまや》を目指した。電話ボックスの代わりに何らかの構造物があると話しやすい気がしたのだ。それは可視化された自我境界と言えるのかも知れない。

四阿のなか、近くに人がいないことを確かめ、携帯電話のスイッチを入れないまま私は話し始めた。

「もしもし、お母さん。しばらくだね。元気？って、死んだばかりだったか。お母さんは老人ホームの給食はあまり食べなかったくせに、外出するとすき焼きだの、うな重だの、好きなものはちゃんと食べられたよね。言いたいことも、食べたいものも、一向に我慢しないお母さんのこと羨ましいって、お葬式でもみんなが言ってたよ。孫でも子どもでも、遠慮無くこきおろすもんだから、世に言う優しいお母さんってもの、僕には一向にピンとこなかったなあ。あ、それからお母さんの料理はちっとも美味しくなかった。お袋の味が懐かしい、とかテレビで誰かがいう度に複雑な気持ちになったもんだね。薄味は身体にいいっていうのは結構だけど、どう考えてもお母さん自身、濃い味が好きだったもの。まあでもね。そんなお母さんだから、自分達も好きに生きていいって思えたのかも知れないな。それは感謝しているよ。あと、それなりに僕たちを育てるのがとても大変だったって、今はわかるから、それも感謝してる。産んで育ててくれたのに、ありがとうってちゃんと言ってなかったよね。ありがとうね。今さらだけど。」

母の返答は聞こえなかったが、存命中にこんなことを言ったら果たしてどんな反応だったやら。少なくとも、自分を産んで育ててくれたことに感謝している、という事が言えたら随分と喜んではくれただろう。それくらいの親孝行はしておくべきだったと悔やまれる。

私の試みのように、亡くなった人に伝えたいことを、「風の電話」をきっかけとして言葉にすることはできるし、自分の気持ちを改めて自覚することもあるだろう。けれど、語りかけてはみたけれど、亡き人と会話ができるわけではない、と改めて寂しさを味わう人もいるのではないか。自分の気持ちを言葉に出してみたのはよいが、改めて喪失の悲しみに襲われることだってあるだろう。その寂しさ、悲しみ、後悔、それらは意味の無いことだろうか。

気持ちを伝えたい相手は、すでに死んだ人ばかりとは限らない。誰それに、伝えたいと思ったことがあるのにそれを飲み込んで、そのままになっていることはないか。後悔を繰り返さないために、そんなことを思い返してみてはどうだろう。生きている間に、言うべきことをちゃんと伝えることで、自分ばかりか相手の人生を少しばかり幸せなものにできるかも知れないのだ。

もし、あなたが「風の電話」をもってしても亡き人と話せないのなら、それを嘆くことはない。話せなかった後悔こそが、自分の生を見直す機会となり得るのだから。

3、「風の電話」によせて

中田　信枝

「風の電話」に教えてもらったこと

「風の電話」の前に佇むと、いいようのない感情が全身を駆け巡る
悲しい、辛い、後悔、絶望、癒し、安心、希望……
そして、一瞬にして、私はあの日に連れ去られていく

あの日、私は神戸にいた
当時、未曾有の惨禍をもたらし、多くの命が奪われたあの日
あの時、私は毎日ただただ泣いて暮らしていた
一生分の涙を使いきってしまったのではないかと思うくらい泣いた
あれから23年

私は被災後、看護師を目指し、精神科の看護師となった
そして、認定NPO法人「心の架け橋いわて」のメンバーとして
「風の電話」がある大槌町へこころのケアの支援に入っている
自分の辛かった経験が、少しでも誰かの役に立つならば……
そう思いながら、大槌町へ通った
でも、本当は、自分が探しものをしていたのかもしれない
自分がなぜ、あの日、被災したのか、なぜ、生き残ったのか……

大槌町で私はひとつの答えに出会った。「風の電話」からほど近い浪板海岸に、宮沢賢治研究会が「賢治詩碑建立」を行った。宮沢賢治研究会の会長は、「風の電話」の生みの親である、佐々木格氏である。佐々木氏はじめ研究会の方々の詩碑にかける思いが副碑に刻まれている。

「2011年3月11日
東日本大震災で大槌町は壊滅的被害にみまわれ多くの貴い命を失った
生き残った私たちは亡くなられた人たち
これから生まれてくる子どもたちに

どう生きるかを示す責任がある

私たちは宮沢賢治の「利他の精神」がその道しるべになると考える……

「どう生きるかを示す責任」という言葉を目にしたとき、一筋の希望の光を感じた。震災という生と死のはざまを生き抜いてきた被災者の中には、生き残ったことに後ろめたさを感じている人もいる。それは、子を亡くした親、老親を助けられなかった子など、自分が身代りになっていればと後悔し続ける人。また、家族や家が無事であったがために、周囲の喪失と自分の喪失を比べてしまい、「悲しい、辛い」と言葉を表出できずに気丈に振る舞い続け、いつしか自分の負の感情に蓋をしたまま生き続けている人……。生きている限り、誰にも話すことのできない重荷、話したとしても共有しきれない重荷を背負い続けている。しかし、重荷を背負い続けて生きることは苦しい。苦しみを希望にかえていくためにの「どう生きるかを示していく」ことがひとつの道筋となるのかもしれない。

こころのケアの考え方のひとつに、心的外傷後成長（ＰＴＧ：Post Traumatic Growth）という概念がある。心的外傷体験から何かを掴み取り、個々の成長にプラスとなることが、心的外傷体験から立ち直るきっかけとなる。私自身、大槌町へこころのケアのために通い続けるなかで、自分の被災体験が役立ったとき、被災したことが無駄ではなかったと思える瞬間が私を救っている。

また、被災から数年たった後、住民同士がお茶っこサロンで集まり、あるきっかけから、３・11の話になり、あの日の細かい出来事を堰を切ったように話し続けることがある。そして話し終わったとき、住民同士は涙を浮かべながら、「今まで話せなかった……、ありがとう……」と安堵の表情を浮かべる。人と人がふれあい、語ることが持つ力の大きさは、はかりしれない。

「どう生きるかを示す責任」とは、自分が背負った重荷を降ろしていく過程を示していくことかもしれない。自分の体験を誰かの役に立てることで降ろしていく重荷。人と人とのふれあいの中で降ろしていく重荷……。

しかし、最後まで残った重荷を降ろすには、自分と向き合い、自分と対話し、自分の中にある悲しみ、後悔、苦しみと対峙し、自分で乗り越えていくしかないのだろう。

私は、今まで何回か「風の電話」の受話器をとり、話しかけようとした
しかし、こみ上げる感情に押し潰されそうになり、無言のまま受話器を置いた
いつかきっと話ができる日がくるだろう
いつかきっと全ての重荷を降ろすことができる日がくるだろう
「風の電話」はその日まで、いつまでも、そっと、待っていてくれるだろう
海を見下ろす、その丘の上で……

精神科看護師としてできること……

こころがけのメンバーとして大槌町で活動に参加したとき、最初に感じたことは、メンタルヘルスに関するスティグマの強さであった。もともと、精神科の医療機関がない町であったため、こころのケアが必要であっても助けを求める術が身近になく、また、助けを求めることが周囲に知られることにためらいを感じてしまう風土があった。しかし、被災後、こころのケアを必要とする人が確実に増えていく中で、どのようにしてメンタルヘルス・リテラシーをひろめていくかが、こころがけの大きな課題であった。そんな中、精神科看護師としての一番の強みは、〝こころ〟と〝身体〟両面から一人の生活全体を看ることができることだった。サロンでは、「こころの相談」を前面に出さずに、血圧計を片手に、「からだ」を看ることからはじめた。こころの不調は、からだの不調として自覚されることが多い。眠れない、血圧が上がる、頭が痛い……。このような訴えに耳を傾け、からだに触れる。聴診器で胸部や腹部の音を聴き、脈をとりながら、身体ケアと同時にこころのケアを行っていく。〝こころと身体はつながっている〟ことを住民に伝えていくことが、メンタルヘルス・リテラシーをひろめていく第一歩となった。

こころのケアの必要性に自ら気付くことができるようになると、次の段階へと進んでいく。個別ケアとして定期的にこころがけメンバーと話をしたり、サロンに足を運んでもらい住民同士で話をする場を提供していった。時には地元の保健師やこころのケアのクリニックを紹介することもある。そうして、誰かの支援を受けることで、自らのこころの重荷を徐々に下ろしていく。そして、さらに次の段階に入る。誰にも話すことができない最後の重荷を下ろすための自分との対峙である。そのとき、「風の電話」が重要な役割を担う。「風の電話」は何もしゃべらない電話ボックスであるが、その小さな空間は、圧倒的な存在感をもって、こころのケアを必要とする人を包み込み、そして癒していく。

精神科看護師として、こころのケアを必要とする人を支援しているが、「風の電話」の前では自分の力の小ささを感じる。しかし、こころのケアの必要性に気づかないまま苦しんでいる人を、「風の電話」へと導いていく支援はできる。精神科看護師としてできること、それは、苦しんでいる人がこころのケアの必要性に気づき、自ら乗り越えていく道筋を一緒に辿っていくことかもしれない。

第8章　若手心理臨床家より「風の電話」からの学び

井上　志乃

1、「ペースを守る」ことの大切さ

当時、筆者は大学併設の心理臨床センターに勤務し、主に成人の男女を対象としたカウンセリングや心理検査を行っていた。その経験と「風の電話」から学んだこと、感じたことをまとめていきたい。

(1)「風の電話」で体験した「心が揺れる」ということ

今回、本書のためにノートやインタビューをまとめるにあたり、佐々木ご夫妻を訪ね、筆者も実際に「風の電話」のなかに入ってみた。ガーデンを訪れる前は、ノートやインタビューから、「電話ボックスの中は1人きりで大切な人に想いを伝えることができる安心できる場所」だと想像していた。そのため、ガーデンを訪れると決めた日から、美しいガーデンに思いを馳せ、大切

キッキの森縄文ステージで佐々木ご夫妻と

な人に何を伝えようかと考えていた。しかし、いざ電話ボックスの前に立つと、緊張感に包まれ、中に入るのがためらわれた。心を決めて中に入ると、とても静かで、誰にも邪魔されないため安心できるのと同時に、心細さを感じた。そして、受話器は取ったものの、その重さを感じ、耳に当てた時のリアルさに圧倒され、言葉がうまく出てこなかった。「伝えたい。でも、言葉が出ない」と心は揺れ、結局、想いを伝えられずに、電話ボックスを出た。心が揺れたり、言葉が出なかったりという体験は、訪れる前には想像もしていなかったことであり、自分の反応に驚いたのを覚えている。

筆者が経験したように、訪れた人の中には、期待と不安が入り交じり、心が揺れ、電話ボックスに入れなかった、想いを伝えられなかったという人も多いのではないだろうか。１章で「風の電話」を訪れた人についてその様子を報告したが、全員が受話器を取り、想いを伝えられるわけではなかった。「声が聴きたい」と「風の電話」を訪れるが、いざ電話ボックスを目の前にすると「繋がらなかったらどうしよう」という不安や、「なんて伝えたらいいのかわからない」とたじろぐ経験をした人達もいるようだ。

ひるがえって、カウンセリングについて考えてみたい。カウンセリングを訪れるクライエントの様子を振り返ってみると、クライエントのなかにも、今回の筆者と同様に、「話そうと思うが、話せない」という「心の揺れ」を経験している人もいたように思う。そこには、「嫌なことを思い出したくない」、「自分の辛い状況を再確認してしまうのが怖い」という気持ちが働いていたかもしれない。そして、筆者のように、「話したくて来た」のに、その場では気持ちが揺れ動き、結局話せないままになり、自身もそのような予期せぬ自分の反応に驚きと戸惑いを感じたのかもしれない。

今回、「風の電話」で筆者自身も経験した「心の揺れ」と、心理面接の場でのクライエントの「気持ちの揺れ」は共通している部分があり、このクライエントの「揺れ」に筆者がより敏感になることで、心理臨床におけるクライエント理解を促進することができるのではと感じた。

(2)「待ってもらえる」という安心感とカウンセリング

筆者は想いを伝えられぬまま電話ボックスを後にしたが、不思議と気まずさは感じなかった。改めて電話ボックスを見ると、その姿はどっしりとしていて、まるでこちらが話し出すのをじっと待ってくれているようにも感じられた。そんな電話ボックスや美しいガーデンに包まれながら、「焦らなくもいい」と思うことができ、「気持ちの整理ができた時には伝えられるのかもしれない」と少し希望のようなものも感じられた。

多くの人々があの場で自分の想いを語るのは、「風の電話」が訪問者が自身の気持ちと向き合えるまで「待って」くれるからではないだろうか。

「風の電話」はどんな背景を持った人に対しても、自身の気持ちと向き合っていくのをじっと待っている。たとえその人が「心の揺れ」を持っていたとしても、その揺れる気持ちを徐々に整理し、想いを伝えることができるまでの間を見守り続ける。「風の電話」は決して急かすことはなく、「待つ」ことによって人々に安心できる場を提供している。

心理臨床の場においても、カウンセラーが「待つ」姿勢を持つことで、クライエントへ安心して語れる場を提供できるのではないだろうか。自分でも予期しない「心の揺れ」を体験しているクライエントに対し、カウンセラーが「待つ」ことで、「焦らなくて良い」ことや「あなたのペースで構わない」といった暗黙のメッセージを送ることができるのかもしれない。そしてそれはクライエントに、脅かされない場という安心感や、じっくりと自分と向き合う環境を提供することに繋がるのではないだろうか。

（3）ペースを守ることの大切さ

「待つ」ということは、相手のペースを尊重するということと表裏一体である。

自分の気持ちと向き合うには、人それぞれのペースがある。「風の電話」では、気持ちと向き合うことにかける時間、想いを伝えるタイミングは、すべて個人に委ねられている。「自分のペースでいい」という安心感の中で、自分の気持ちと向き合い、大切な人を失くした悲しみや寂しさに浸ることができる。そして、訪れた人の心を徐々にほぐし、「ここでなら伝えられるかもしれない」という気持ちにさせるのである。

これは心理臨床の場でも同じだ。カウンセラーはクライエントのペースに細心の注意を払うことが求められる。クライエントが語るためには、クライエント自身の課題や気持ちと向き合わなければならない。ペースはクライエントによって異なるが、悩みを抱えている時は「どうにかしなければ」と焦っていて、なかなか自分を顧みるのが難しいことも多い。しかし、一旦その焦りから放たれて、自身のペースを取り戻せると、自分について見つめ始め、内省のためのゆとりを徐々に持つことができるようになる。カウンセラーは、「待つ」と同様、この「ペースを尊重する」ことを意識することで、クライエントに保障された空間と時間を提供でき、クライエントは落ち着いてじっくりと自分の気持ちと向き合うことができるようになるのではと考える。

今回の訪問で、文字や映像からは伝わらない、訪れた人の様々な気持ちを包み込んでくれる「風の電話」のおおらかさを直接感じることができた。想いを伝えることは大変な作業であるが、このおおらかさを訪れた人々が感じられるからこそ、大切な人へと想いを伝え、その人と繋がることができるのだろう。

今回の学びを是非今後の臨床に活かしていきたいと思っている。

2、「想像力」の大切さ

塚本　裕子

筆者は現在、児童青年精神科のクリニックに勤務している。そこでは、カウンセリングや心理検査を通じて、クライエントと出会っている。また、本書の1章では、「風の電話」に訪れた人々の、ノートやインタビューの記録をまとめる作業に関わった。駆け出しの心理臨床家として、「風の電話」を通して学んだことを記述したい。

（1）「生きる力」を生み出す想像力

「風の電話」には、大切な人を亡くした多くの人々が訪れる。人々は電話線のつながっていない電話で、まるで実際に電話がつながっているかのように、大切な人に語りかけている。亡くなった人と話すということはどういうことだろうか。筆者は、この行為には想像力が重要な鍵と考える。話したい人を自分のなかで思い出し、その人との会話やその人の表情などをもう一度自分のなかで再現する。その人のイメージを自分のなかで徐々に膨らましていく。そうやって、自分のなかにその人を捉え、そして語りかける。このような一連の作業は想像力によって初めて可能になると思われる。人は自分の想像力を駆使することで、「大切な人とつながっている」「話すことができた」と感じ、涙を流す経験をしている。ノートから浮かび上がってくるその姿はとても印象的だった。「風の電話」を訪れた人々が豊かな想像力を持っており、その姿に筆者は心を強く動かされた。そして、人々はその「風の電話」での体験を日常に持ち帰り、日々の生活のなかでその体験を振り返りながら気持ちを整理していた。「風の電話」という非日常的な空間での経験が日常の生活へとつながっていくことも、筆者はとても興味深く思った。

「風の電話」の創設者である佐々木さんは、「電話線がつながっていないからこそ想いはつながるかも知れない、それが心の想像力であり、人の持つ力なのかもしれない。これが希望になり、生きる力になる」と語っている（註3）。この言葉から、筆者が「風の電話」を通して関心をもった二つの点、「人の想像力の豊かさ」と「非日常と日常のつながり」は相互に関連しているように感じた。今回のノートのまとめ作業を通して、喪失を体験した人々が、悲しみを持ち続けながら日常を生きていかなければならない苦しさやつらさが文面から感じ取られた。そのような人々が日常生活を生きるには、自分の心の支えとなる「生きる力」が必要である。「風の電話」に訪れた人々の経験を通して、人は自分が想像しそこで感じ取ったことは、心にスッと馴染み、その場を離れても鮮明に心の中に在り続けることができるものなのだと感じた。心の中でしっかりとその感覚を持ち続けることができるからこそ、それを日常生活の中でも振り返ることができる。そしてその後、悲しみや苦しみに日常で遭遇しても、「風の電話」での体験を思い出し、その体験を自身の励みにすることができる。筆者は、私たちの内側から生まれてくる想像力こそが、「生きる力」として私たちの日々の気持ちを支えることができるのではないかと考えた。

この想像力についてもう少し考えを進めてみたい。筆者は、「風の電話」を訪ねる前は、電話線のつながっていない電話で亡くなった人と話すという感覚が今一つわからなかった。しかし実際に、自分が美しいガーデンに立ち、心を落ち着けてしんと静まり返る電話ボックスで受話器を取った瞬間、緊張感と同時に、自分の大切な人への様々な想いが沸き起こるのを感じた。その時に自分が体験した想像力は、とても力強いものだった。日常生活のルーティンのなかでも、私たちは何気なく想像力を働かせることがあるが、「風の電話」ではその環境が日常から離れているせいか、こちらが気持ちを集中するなかで、非常に力強い想像力が動き始めた。そしてその想像力を通し、大切な亡き人をありありと思い出すことができた。この想像力とは、心の奥にまで深く響き、とても豊かなもので、自分自身も驚く位だった。

想像力と「生きる力」。筆者は、「風の電話」を訪れた人々の姿を通して、「生きる力」とは他者から与えられるものではなく、自分自身のなかに在る豊かな「想像力」によって生まれてくるものであることを実感した。この学びは、心理臨床場面への理解を深めることにもつながるだろう。筆者の普段の臨床場面では、時にカウンセラーの具体的な助言よりも、クライエント自身が時間をかけて自分の課題に想像を駆使して気付いたことの方が、クライエントの日常生活で役に立っていると思うことがある。それはきっと、クライエントが自分の心にじっくり向き合い、自分の想像力を働かせることで本人のなかで何らかの変化が生まれたからではないだろうかと思った。そして、カウンセリングという非日常の「守られた」環境設定が、「風の電話」と同様に、訪れる人に自身の想像力を活用することを促す役割を果たしているということにも、改めて気付くことができた。

(2) 心理臨床家にとっての想像力

次に、心理臨床家にとっての想像力について考えてみたい。

筆者は、普段、小学生から20歳ごろまでのクライエントとカウンセリングをする機会が多いが、子どもは自分の感情に気付きにくかったり、適切に言語化することが難しいことがある。緊張などの心理的な症状から、言葉を自由に発しにくい人もいる。また、自主来談ではないためにカウンセリングへのモチベーションが低かったり、人との関係の中で信頼関係を築きにくいクライエントもいる。そのような人々を目の前にした時、どのようにカウンセリングを行っていけば良いか悩むことも多く、日々自問自答を繰り返している。そのなかで自身の想像力を使いながら、クライエントのことを色々考えようとしている。例えば、面接中にクライエントと向き合うとき、「この人は今、何を感じ何を考えているか、どのような方法ならその人にとってコミュニケーションがとりやすいか」と考えてみる。面接の合間には、事例検討会をしたり、カウンセリングの内容を振り返り、想像力を働かせつつクライエントの世界に近寄りながら、クライエントの課題について理解を進めようとしている。そして、そのような試みから生まれたヒントをもとに、クライエントとの次の面接の方針を考えている。このように、カウンセラーがクライエントの人となりや置かれた状況について自身の想像を駆使していくことは、クライエントを理解し、その心に向き合うときに非常に重要な行為と思う。

また、筆者は「風の電話」を通して学んだ「非日常と日常のつながり」を、面接時に意識的に取り入れることが大切だと感じた。クライエントとカウンセラーが共に過ごす時間は、週1時間と、クライエントの日々の生活の時間と比べると非常に短い。そしてカウンセラーはその限られた時間内のクライエントの様子のみを注目しがちだが、面接で見るクライエントの姿だけでなく、クライエントが過ごす日常の場面に思いを馳せ、そこで日々クライエントがどう過ごし、何を考えているかを想像することで、クライエントへの理解を深めていくことが出来るのではないだろうか。面接という非日常とクライエントの日常生活のつながりを意識することが、カウンセリングという心理支援をより役立つものとすることが出来るかもしれない、と考えた。

今回、「風の電話」から、人が想像力をもつことの大切さを学ぶことができた。「風の電話」は、愛する人と話したいという人々の自然な願いを、電話ボックスというリアルな場所を提供することによって叶えている。その場所は、訪ねてみて初めて体感できる温かさと一種の緊張感のなかで人々の想像力を膨らませてくれる。その体験は、悲嘆のなかにある人々にとっては、「生きる力」になりその人を支え続けていくだろう。カウンセリングの場面も同様に、クライエントの想像力を引き出す場となることが、クライエントにとって有意義なものになると感じた。同時に、心理臨床家として想像力を豊かにしておくことは、目に見えない他者の心を理解するために重要な姿勢であると感じた。

今回の学びを今後の心理臨床に活かし、心理臨床家として成長していくことで、「風の電話」で知り合った全ての人に感謝の気持ちを返していければと思う。

終章　まとめ　「風の電話」の体験とグリーフケアを考える

矢永　由里子

第1節　「風の電話」という場について

1、「風の電話」の個別性と普遍性

佐々木さんから「風の電話」を訪れる人たちが綴ったノートを何らかの形でまとめてもらいたいと4冊のノートを手渡されたが、そのノートは、それこそ老若男女、北海道から沖縄まで、そして海外から多くの人がこの地を訪ねてきたことを物語っていた。一人ひとりの想いがノートの紙面から浮かび上がり、その様々な筆致からその人の感情までが感じられた。

後輩の若手心理臨床家の二人とまずこの4冊のノートの簡単な分類から作業を始めた。第1章で記載しているように、このノートのメッセージは多様であり、また「風の電話」での体験も人それぞれである。各人が自身の喪失体験から「風の電話」を訪ねることを思い立ち、長い道のり

の果てに「風の電話」に辿りつく。そして、「風の電話」を取り巻く庭で、また電話ボックスのなかで実際に受話器を取って、亡き人を想い、語りかける。人々の喪失体験とは、東日本大震災での愛おしい人の死や遺体を見いだせないままの曖昧な喪失、大切な人の病死や自死、遠い昔の戦争や抑留の家族や友人の死と、非常に多様である。また、「風の電話」での体験も、愛おしい人の声が聴けて通じたという思いや、まだ声が聞こえてこない、気持ちが一杯になって受話器を手に取ることはできないなどと一人一人異なっている。その経験とは非常に個人的で、どれ一つとして同じものはなく、「訪問者」とひと言では括れない体験が展開される。「風の電話」を訪れる人々の分だけ個別の物語があるのだ。「風の電話」は、非常に豊かな個別性の体験を内包している。

しかし、同時に、この場所は、言語も文化も異なる人々を一瞬にして受け入れる普遍性も併せ持つ。ノートには、北は北海道から南は九州まで全国の人々が「風の電話」に引き寄せられるように集う様子や、諸外国からも多くの人々が思い思いに「風の電話」の扉を開ける様子が綴られている。序章に記述したが、言語が異なっても、「風の電話」の風景を通し「風の電話」の意味性が一瞬で理解できるようである。

この原稿を仕上げている2018年5月現在、今なお、アジア、アメリカ、カナダ、ヨーロッパの諸国から、旅行者やテレビやラジオの番組制作の専門家たちが絶えることなくこの「風の電話」を目指し、訪ねてくる。「不思議なんだよね。彼らは非常にこの〝風の電話〟の取り組みに関心を持ち、その意図を真摯に理解しようとし、この活動を自国に知らせたいという強い希望を持っている」と佐々木さんが微笑みながら語る。佐々木さんの立ち上げた「風の電話」は、言葉や文化の壁をひらりと乗り越え、万人へとつながる普遍性を内包する。

個別性を受け入れながら同時に普遍性へと通じる「風の電話」だからこそ、今なお、万人の心を惹きつけつつ浪板の丘にすっくと立ち続けているのかもしれない。

2、「場」についての考察

(1)「風の電話」の二つの意味合い

先の『風の電話』の本の紹介文のなかにも書いたが、この「風の電話」は二つの次元の機能を併せ持つ。一つは、シンボリック（象徴的）な意味合いを示す存在として、もう一つは、訪問者を実体験へと結びつける現実のツールとして。

「風」「電話」から、私たちは何を想い起すだろうか。「風」は常に動いている。突風もあれば、そよ風もある。そこに人は自分の想いを乗せ、遥か彼方へとその想いを伝えたいという気持ちを自然と持つ。遠い誰か、そこに死者への追慕も含まれる。「千の風になって」の歌は人々の想いを亡き人に伝える内容で、この歌を聴き、皆、それぞれの胸の内のものを亡き人へ伝えたいと思うだろう。「電話」もメッセージを伝える器として万人が容易にイメージできるものである。「電話」は、自分の想いを相手に伝え、相手の想いを受け取るという双方向の交流のシンボルとして存在する。

そして同時に、「風の電話」の場所に立つと、わたしたちは心地よい風に包まれる。その風のそよぎと、電話ボックスの扉を開けて触る古い黒電話の感触や受話器の重さは明確な実体験として私達の五感に訴えてくる。ある訪問者は「受話器の握った感じがいい」とその感触を語っている。風はいつも吹いていて、その風の流れを身体で感じ取る。そして、このリアルな感覚が、私たちに亡き人を想い、その想いを言葉にすることを優しく誘っていく。

(2)「風の電話」の許容性と進化について

想いを受け取る器としての許容性

「想い」とは単一の色彩から成っているものではない。私たちの感情の色は万華鏡のようなものであり、その感情にはありとあらゆるものがあり、それが混沌と同時に存在している。心の奥には怒りや悔い、自責といった気持ちも、もちろん在る。私たちは社会という集団の規範のなかで生活しているため、社会的に許容される感情は比較的表に出しやすい。嬉しさや喜びを多くの人は何の抵抗もなくごく自然に表わすことができるだろう。一方、悲しみや怒り、悔いや自責の感情を公の場で表現することはあまりない。周囲の反応に敏感な人ほど、「これ以上自分の悲しみを話すと嫌がられるのでは」「自分が話すことで相手の負担が強くなるのでは」と、自分の感情を胸の内に収めようとすることも多いように思われる。しかし、その想いを自分の胸に秘めようとしても、その感情はその人のなかに生き続けている。日々の生活の時間の流れのなかでやるべき事を優先させて生活を送ることは可能だが、ふとした瞬間に自分でも予期せぬときにその隠れされた感情がすっと水面上に浮かび上がることもある。

東日本大震災の被災者やその家族のなかに、多くは語られないがずっと胸に秘める想いがあることを、「風の電話」のノートから読み取ることができる。そのなかの一つは、「曖昧な喪失」への想いである。大切な人の遺体が見つからない、その人の死を現実のものとしてなかなか受け入れることが難しい状態のなかで本人の気持ちはずっと宙を彷徨ったままである。年月が経っても、「どこかで生きているのでは」「復興事業の最中に遺体が見つかるのでは」という祈念に似た想いを持ち続けている。一方で、周囲は復興へと目に見える形で加速度的に進み、街の形も生活のありようも刻々と変化している。そのなかで、自身の喪失について語る機会はますます限られ、自分の想いをどう持ち続けていけばよいかという戸惑いや、この気持ちを持って良いのかとさえ思うようになる。「風の電話」のノートには、数は少ないが、「今、どこにいるの」「必ず探して見つけるから」というメッセージが震災から数年後でも綴られている。本人はこのような自分の想いをようやく書けたと感じているのかもしれない。「風の電話」は、このような「取り残された」想いを受けとめる場としても存在している。

もうひとつは、生存者が持つ罪悪感、「なぜ、自分が残り、あの人が死ななければならなかったのか」という想いである。客観的に見れば本人が負い目を持つ必要は全く無いのだが、やはり自分を責めてしまう。まして、目の前で大切な人が津波に飲み込まれた体験をしている被災者にとって、トラウマ（心的外傷）的な体験として、様々な感情とともに本人のなかにずっしりとその場面は残っている。筆者は、ある住民を通し、10代の息子の被災時の様子を知る機会があった。

その子は、仲の良い祖父を地震発生直後に自宅まで助けに行った。祖父から「お前は先に行け」と言われ、後ろ髪を引かれるような気持ちで坂を上り始め、気になって振り返ったその瞬間に、目の前で大きな津波が祖父を一瞬でのみ込んでしまった。「あの時、俺が一緒に連れ出していれば」、「なぜ、おじいちゃんが死んで、自分が残ったのか」……この気持ちをずっと本人が抱えていたことが、数年後のふとした会話から見えてきたと言う。

「風の電話」のノートにも、同じように、懺悔に似たメッセージが綴られている。「助けてあげられなくてごめん」、「自分のせいで」。このような自責感は、日々の生活で語られることはあまりない。本人がほっとして心の鎧を脱ぐときに少しずつ姿を顕す感情である。「風の電話」のなかで、人々は、日々の時間の流れから抜けだし、深く、静かに自分の気持ちのなかに沈んでいく。そのときにようやく自分の正直な気持ちに触れ、そして、それを言葉にすることができるのではないだろうか。「やっと話せた」という一文に、それまでの一人ひとりの孤独で長く閉ざされた心の苦しみや葛藤の軌跡を見る思いがする。

進化し続ける「風の電話」

「風の電話」は生きている。

人間や動物のように身体機能を持つわけではないが、その役割と機能が常に豊かに進化し続けるという意味において、「風の電話」を「生きている」と筆者は思う。

佐々木さんが「風の電話」を当初思いついたときは、近しい従兄さんへの愛おしさや尊敬、そして従兄さんを失くすことへの苦しみや悲哀に対処するためだった。それが震災で多くの命が奪われたとき、残された住民の悲しみの救いとなって欲しいという願いから、被災者へ「風の電話」を解放した。それから7年、その間に被災者だけでなく、全国から、病死や事故死、昔の戦死で大切な人を亡くした人たちが思い思いに集う場所となり、今では、自死の家族も訪ねる場となっている。「風の電話」はより多様な背景の人々を受け入れつつ、その役割を発展し続けている。また、大切な教育の機会も提供している。多くの子ども達が先生に引率され、実際に「風の

「風の電話」音楽祭で合唱する地元の子ども達

電話」を訪ねている。佐々木さんの考えや願いを「風の電話」に具現化したことが、大きな教育の力として子ども達に影響を与えている（註3）。また、グリーフワークを支援する佐々木さんの活動は、広く世界に発信され、その活動に賛同する人々がこの地を訪れ、「風の電話」の取り組みが海を越えようとしている。文化と言語を越え、年々「風の電話」とつながる国は増えている。また、人と人を繋ぎ地域の繋がりを強化し、復興へ向けて住民の気持ちを前に進める動きもこの「風の電話」で今年から始まっている。地元や全国の音楽家が集い、音楽を通しながら交流をする音楽祭が、「第一回『風の電話』音楽祭ライブ&トーク～森に響く子どもの未来～」としてスタートした。地元の子ども達の歌声や合奏がそれこそ風に乗り、青葉茂る樹木の間を吹き抜けていった。「また、この集いをやろう。そして、街を元気にしよう」という住民の人たちの声が力強くこだました。

人々の悲しみ、苦しみ、そして希望や願いも受けとめ、同時に、多様な背景の人をより広く惹きつけていく「風の電話」という場。それは、訪れる人によって刻まれていく「風の電話」の歴史と言って良いだろう。「風の電話」は日々、その役割を広げ、進化を続け、月日とともに歴史を創っている。

第2節　「風の電話」の体験について

「風の電話」を訪れた人たちは、どのような体験をしているのだろうか。ノートから見えてきたものを第2章にまとめてみたが、その体験についてここでは心理療法的な視点から見ていきたい。そこから、グリーフケアのあり方についてもヒントを見出すことができるかもしれない。

1、ある、包まれる感覚

訪問者は、「風の電話」の地に足を踏み入れ、花々が咲き乱れる庭を通り、「風の電話」の扉を開け、そのなかに一人佇むとき、自然の光や風、花々の息吹が自分を取り囲んでいることに気づく。そして、その静寂の空間に、温かさや安心感を覚える。ちょうど、深い呼吸とともに身体の緊張が和らぎ、気持ちが落ち着きを取り戻し、心身の解放感にもつながっていく瞑想の世界にも似ているのではないだろうか。日常の煩わしさから抜け出て、静かで豊かな自然にゆったりと身を任せていくような体験を訪問者は味わう。

以前、被災地の仮設住宅を巡回しながらサロンを定期的に行っていた。ある日、身体のリラックスをテーマに呼吸法について語ってみた。集まった住民の方々に、身体の緊張などについて尋ねると、一人の女性が「私、息をしていないんです」と答えた。もちろん身体機能として呼吸はしているが、本人は「ゆったりと吸って吐くという呼吸の実感が無い」ということを言いたかったようだ。震災の時のこと、現在の生活や今後を考えるとなかなか寝付けないという訴えも多かった。夜に悶々とした時間を多くの被災者が送っており、身体もずっと緊張が継続している状態だったと思われる。「風の電話」は、そのような心身の緊張の高い人たちが深い息遣いとともに徐々にゆったり身体とこころを解きほぐし、外の世界へと自分を解放する機会を与えているように思う。心理療法では、その人の精神世界とともに身体の状態や緊張感も注目していく。心の内を語ること自体に抵抗感が強い場合は、身体の面の緊張緩和から入って行くほうが良いときもある。災害直後や、精神医療などのメンタルヘルスにあまり馴染みのない土地では、身体からの緊張緩和のアプローチを優先して行く方が住民に受け入れやすいだろう。

2、心のなかで死者と向き合い、そして語らうということ

ノートには、「気持ちを、言葉を伝えることができた」「声が聞こえた」「きっと聞いている」というメッセージが多く綴られている。一方で、「電話の先で、声は聞こえなかった」と記している人たちもいた。「風の電話」のボックスのなかで様々な体験が繰り広げられている。ただ、亡くなった大切な人とのつながりについてその実感に差はあっても、皆、電話の先に、その人の「存在を念う（おもう）」という点では共通している。

では、実際に、大切な人が私たちの視界に現れるのだろうか。ある特殊なメガネをかけると見えないものが見える現代、ここでも心霊現象のように亡き人が立ち現れるのだろうか。

「風の電話」で起こっているのは、一人一人の心のなか、内的なプロセスでの体験であり、特殊メガネの効用では、ない。各人が自分の心のなかに静かに沈んでいきながら、亡き人を想う、そのなかで、その人と出会いそして向き合い、会話が成立していくのだ。誰からも邪魔されることなく、素の自分（生活のためのもろもろの役割を置いて）でその人と向き合いながら、「私とあなた」の密接な二者関係を自分のなかで再構築していく。そして、そこには、私たちの想像力や感性が大きく働いている。自分のプライバシーが十分に確保される安全な場である「風の電話」で、私たちたちは少しずつ想像の翼を広げ、自分の内的な世界へと飛び立ち、そして同時に

受話器という現実のツールを手にすることで、亡き人と出会い、そして語るという行為が徐々に生み出されていく。もちろんそれぞれに準備性があり、電話器に触れただけで気持ちが一杯になり、受話器をそっと置くこともあるだろう。しかし、その行為も、今の自分を自身に知らせる重要なメッセージではないだろうか。受話器を通し、人は心の奥底に沈殿する「想い」を「言葉」という形に顕わしていく。電話で、自分の心のなかに在る大切な人へ言葉を発することは、相手へ「伝える」試みであり、相手との交流を作ろうとする自らの働きかけの第一歩である。そして、同時に、声にして自分の想いを語ることで、「私は今、このような気持ちを持っているのだ」と自身についても気づくきっかけにもなる。

突然の大きな喪失は、強い破壊力で日常を変える。人々は「全てが止まり、全てを失った」という感覚に襲われる。大切な関係も日々の生活も一瞬にして奪われ、その衝撃の大きさに自身の感情の流れも中断してしまう。本人を取り巻く全ての世界が一瞬にして凍りつき、本人のなかで時間も止まってしまう。世界と自分との間に大きな断絶を感じる。「世界で一人きりの自分」という孤立感を強く味わう。

自然災害は、住み慣れた住居の破壊とともに、その人が築き上げてきた人生そのものを大きく破壊し、そこから生じる孤立感は想像を絶するものがある。

「風の電話」のなかで繰り広げられる人々の気持ちの解放と亡き人との対話は、一旦途切れ見失ってしまったと思っていた愛おしい人との関係を再びつなぎ始めることへと人々を誘っていくように思われる。人々は愛おしい人との対話を通し、「私たちの関係は断ち切られたのではない」「死者は、今も存在し、関係は今も続いているのだ」ということをじわじわと実感を持って再確認できる機会を持つことができる。それまで抱いていた「この世でたった一人だ」という孤立感が、徐々に、死者との対話を通し、「関係の連続性」というものを感じ取ることで緩和され、そして、「自分の人生は、大切な人と一緒にこれからも続くのだ」と今後への展望を持つことができるようになる。凍りついていた時間が徐々に動き始め、断絶されていた自己と他者、自分と世界の関係が徐々につながっていく。関係性の再構築と表現することもできるだろう。2章のインタビューでお二人が語ってくれた「これからも一緒に生きていく」という想いは、このような新たな関係性が絶望の渕から徐々に生まれていったことにより、本人のなかで「新たな次へ」と気持ちが変容し、「これからも」という希望へと結びついていったのかもしれない。「風の電話」という訪問者を包み込む場を得ることで、人々の心のなかで死者との対話が生まれ、深いこころの傷の癒しが徐々に進み始めると言えるだろう。

3、「一人ではない」という感覚

「風の電話」を訪れた多くの人々は、ボックスに置かれたノートを読んでいる。今回、私たちはノートのメッセージを通し、訪問者はノートに自分の想いを綴るだけでなく、ノートをめくり、自分と同じようにこのボックスを訪れた人たちのメッセージを読み、その感想をまたノートに綴っていることを知った。ようやく辿りついた電話ボックスのなかで、そこに置かれたノートを手に取り、それぞれの物語の一片が語られたメッセージにじっと目をやる、その立ち姿が私たちも目に浮かぶようだった。

「風の電話」を訪れる人たちの背景は千差万別で、一人として同じ物語はない。それぞれにその喪失や悲しみの具体的なありようは異なる。しかし、ノートを通し、喪失体験はそれぞれ違っても、大切な人を想う気持ちや「風の電話」での体験に自分と共通するものが多いことにも気づいていく。「ノートを読み、自分が一人ではないという気持ちになれた」とメッセージを綴った人もいる。ノートを通して人々の気持ちがつながっていくということも「風の電話」では起こっている。悲しみや苦しみは変わらないが、自分がたった一人ではないことを、ノートを通して実感する機会にもなり、訪問者同士の緩やかな繋がり、連帯感のようなものも生まれている。

電話を通し死者と語らうことは、個人の内的な体験であり、自分のこころのなかに深く入っていく過程でもある。その意味で、自分の世界で祈りを捧げることと似ている。それは個別の体験であり、その人独自の世界である。一方で、ノートを通し、人は他の人の経験を知り、その人の想いにこころを寄せる機会を持つ。他の人の体験に自身の体験を重なり合わせ、その人の状況に考えを巡らすことで、自分だけと思っていた体験の意味に少し広がりが生まれてくるようである。「風の電話」の場とは、私たちに、電話という媒体を通し大切な死者との関係の再構築を、そしてノートという媒体で他者との喪失体験の共有と繋がりを誘うものなのであろう。

4、自らが動くということと回復

話が一寸逸れるが、筆者は、ＨＩＶ／エイズの検査相談の場にも関わっている。自身のＨＩＶ感染を疑い、ＨＩＶ感染の有無を確認するために多くの人が検査室を訪れる。感染には性のテーマが関係するため、自身の感染不安を相談する場面では本人に一種の後ろめたさやばつの悪さを感じるときがある。「予防をしなかったばかりに……」という悔いの言葉も出たりする。その時、筆者は、「でも、こうやって検査を受けようと自分で決め、検査予約も事前に自分で入れて実際に検査に来れたこと、このこと自体がすでにＨＩＶに対し自分なりになんらかのアクションを起こした、ということになりませんか」と投げかける。そうすると、多くの受検者はハッとした顔になり、今回の受検行動の意味を見つめ始める。「そうだ、ずっと感染不安で迷っていたが、自分で検査を受けることを決めて、今日こうやって検査に来たんだ」と、自らの行動を振り返る。自分の決心が今回の受検行動に結びついたことに気づく。このような気づきをもとに感染の予防行動について一緒に考えていくと、本人は今後について自覚と責任を明確に意識しつつ予防に積極的に取り組む姿勢を持つようになる。自分の行為のなかの自主性の存在に気づくことで、人は「自分にも力がある」と認識するきっかけになる。本人のエンパワメント（自信、力づけ）につながっていく。

「風の電話」の訪問者も、自らの意思によって遠路はるばるこの地を訪ねてくる。「あの地へ行こう」と一人密かに思い、そして一歩足を踏み出す。日本の各地から、そして世界から、「風の電話」を目指し辺鄙な道中を諦めることなく歩を進み続ける。その行為に、筆者は訪問者一人ひとりの決意と覚悟のようなものを感じ取る。ノートに綴られたメッセージに頻繁に記された「やっと来れた」という言葉には、この場に長時間かけて「ようやく辿りついた」という意味と、訪問を決めて以来今日ようやくこの地に立つことができ、「遂にやれた」という達成感の両方の意味が含まれているようにも思われる。

このようなノートのメッセージを読み進むにつれ、筆者の脳裏には「巡礼」という言葉が自然と浮かぶ。人がある特定の所を目指し、その場所を心の中心に据え、日々、黙々とそこを目指して歩を進める。「そこへ行こう」という明確な決意とともに自ら足を踏み出す。そこから本人の「風の電話」の旅が始まる。道中の期待感や不安感、緊張感とともに、「なにがなんでも辿りつきたい」という切なる願いを抱きつつ、その道程で亡き人を想い続ける。その人の笑顔、仕草、楽しかった語らいなどを思い出す。その人を想い続けることは、祈りにも似ているだろう。黙々と歩を進めるその姿に、困難な道程を一途に進み続ける巡礼者が重りあう。訪問者のその姿を思うとき、その歩を進めるものは、その内にある力なのではないか、それがその人を「風の電話」へと導いているのではないかと思う。別の言い方をすれば、その人の主体的な動きがその歩みの中に在るということである。

宅（註10）は、心的外傷後の成長という概念（Post Traumatic Growth：ＰＴＧ）を紹介している。人は、自分に降りかかった厳しい出来事に対し大きな衝撃を受けつつも、それぞれのペースで自らがその苦しみのなかから徐々に自身を取り戻し、自分の中心的な信念や価値感を新たに作り直していくという捉え方だ。そして、苦しみのなかのもがきが、この成長を促していくと指摘している。この考え方は、今回私たちが取り上げた遺族の方々のグリーフワークの経過を検討するときに非常に役に立つ。インタビューでも、「以前の私より強くなった」、「この経験があるから、もっと人を援助したいと強く願うようになった」というコメントがあったが、深い喪失感や絶望感の渕から、大切な死者との関係を再び紡ぎながら、生きることに新たな価値を見出し次へと展望を持つことができるようになる――そこにその人の成長が在るのだろう。ただ、このような状況はすぐに生まれたわけではなく、また何かを解決することで導き出された結果でもない。自身の悲嘆から逃げることなく、悲しみを悲しみとして抱きつづけ、愛おしい人の死を悼み続ける行為のなかからその人の内なる力が再び活性化され、次の一歩、そしてまた次の一歩と前へ進み続けることが可能になり、その結果として、「強くなった」という境地に辿りつくことができたのではないかと考える。

自らが成長し、新たな視点で突然自分の人生に降りかかった出来事と深い喪失を見つめるとき、その人の視界に別の光景が広がるのかもしれない。そのなかで、亡くなった大切な人との関係は、継続しながらも新たなものへとその形を変え、次の「私とあなた」の関係性が構築されていくのかもしれない。「死者との新たな関係」については、浜垣先生やDyke先生も貴重な考察を前述されているので是非目を通していただきたい。

今回、人の心の回復のあり方について触れたが、筆者は「風の電話」を通し、回復を促していくその力は、その人のなかに在り、時に見失いそうになるがその人を支え続けるものとして常に存在する、そして、自主的な力としてその人を次へと徐々に動かしていくものなのだということを学んだように思う。

数年前、書店に立ち寄り「コーヒーが冷めないうちに」（註11）を手にした。愛おしい死者との再会が丁寧に書き込まれているが、筆者はここで作者が言いたかったのは、この再会後の主人公のありようなのではないだろうかとふと思った。死者との僅かな再会の時間のなかで、主人公たちはその人へ伝えたくて伝えることができなかった言葉やわだかまりから生じた混乱や怒りを死者へ直接伝えていく。そのなかで主人公の心的世界がゆっくり動いていく。そして、現実世界に戻ったとき、主人公にとってその世界は「元の世界」ではなくなっている。何かが変わったのだ。死者との触れあいを通して生じる主人公たちの内的変遷を読者に色々と考えさせる良本である。筆者は読み進めるうちに、本の主人公を取り巻く世界と「風の電話」が重なりあって見えてきた。一人一人のグリーフを尊重する姿勢、配慮された環境、そして訪問者を取り巻く人々の輪が、悲嘆のなかにある人々を支え、喪のプロセスを支え続けていくということをこの二つの世界はわれわれに教えているように思う。

「風の電話」は、今日も、静かに訪問者をじっと見守り続けている。

5、「風の電話」と佐々木ご夫妻について

佐々木ご夫妻のことに触れずに「風の電話」は語れない。「風の電話」について多くの人がその電話ボックスの独創性や役割の意義に触れるが、この「風の電話」は電話ボックスだけを指しているのではない。電話ボックスは、佐々木ご夫妻が丹念に育てる花々の先に、広い空を背景に爽やかな風に包まれるようにして立っている。訪問者が周囲の目を気にすることなくそっと訪ね

て行けるよう、電話の立つ位置や角度も綿密に考慮されており、訪問者は安心して電話ボックスに近づくことが出来る。電話ボックスを取り巻く環境全体が「風の電話」という場なのだ。そこでは、訪ねて来る人をお二人は遠くから見守りつつそっと出迎える。その人の様子によっては、その人が電話ボックスを出た後に、さりげなく木の香りがするコーヒーラウンジで美味しいお茶を勧め、その人の話をじっくり聴いている。ノートにも、ご夫妻に出会えたことの感謝の気持ちを綴る人が多いが、「風の電話」は、電話で話すことと、佐々木ご夫妻と出会って自分の想いをご夫妻に語ることが一つとなってその人の「風の電話」の体験となっているようだ。電話で死者と向き合い、静かなコッテージ風のラウンジでは、自分の喪失体験や電話ボックスでの体験や大切な人との思い出を素直にご夫妻に語る。温かい飲み物を前に、お二人に優しく包まれ、気持ちが軽くなる感覚を持った人はどれだけ多くいることだろう。

「私たちは素人だから、何もわからないし、特別なことは出来ないよね。ただ、その人の気持ちに寄り添って話を聞くだけだよ」とお二人はさりげなく話す。「素人だから」という言葉を筆者は何度聞いただろう。その言葉からは、「だから、自分たちができることをやってあげたい。少しでも気持ちが軽くなる助けになれば」という純粋な願いがひしひしと伝わってくる。佐々木さんにとって電話とは「亡き人へ想いをつなげるもの」であり、「電話線が繋がっていなくても電話を通し、訪問者は大切な人へ生前に伝えたかった言葉や想いを形にして伝えることができ、そのなかから過去から将来への意識の向け換えができるようになり、『生きる希望』が生まれてくるのではと考えている」と述べている（註3）。佐々木さんは、宮沢賢治の「他利の精神」に共感し、地元で大槌宮沢賢治研究会を立ち上げたほどの人だ。仲間と定期的に賢治の勉強会をしていると話す。佐々木さんの「風の電話」の取り組みに、賢治の「行って、必要とする人たちのために行動を起こす」という理念や哲学が重なるのは、佐々木さんが自分の理想とするものを実生活のなかで実行しようとしているからかもしれない。横山氏らのインタビューで佐々木さんは、震災を機に、「自分の力で生きてきたと思っていた考えが、『見えない力で生かされている』と感じるようになった」と話している。そして、「その生かされた命を、人のために何か役立てたいと思った」と語っている。「人と人とをつなげる」ということを、佐々木ご夫妻は「風の電話」の電話を通して、訪問者と亡き人を、またノートを通して、訪問者と他の訪問者を、そして直接の対話を通して訪問者とご自身をつないでいる。自分の願いを見事に具現化し、力強く実践している姿に筆者は深い感銘を受けている。

第3節　われわれは「風の電話」から何を学ぶか

1、「風の電話」と心理療法の接点

「風の電話」の取り組みから、われわれ援助に携わる者は何を学ぶことができるだろう。ここでは心理療法との接点で、二つのテーマを取り上げてみたい。一つは、援助のあり方について、そして次に「抱える」環境について。

(1) Being「在ること」とDoing「成すこと」

霊長類学者の山極壽一は、私たちが自分に与えられる時間をどう過ごすかについて、興味深い論考を行っている（註12）。過ごし方に二つの方法があるとし、一つは、「目的的」。これは、短時間でより多くの価値を増やすことを前提にし、時間に価値を得ようとする方法である。ここでは目的に沿ってどれだけの効果が得られるかが重要とされる。現代は主にこの方法に注目し、仕事や学術において少しでも多く業績を追い求めていく。もう一つは、「ただともに過ごす。互いに相手に時間を捧げる」という方法。例として、母親と赤ちゃんの二人で共有する時間の過ごし

方が挙げられている。先の方法から比べると、「何もしない」「ただ、そこにいる」ということで、無為に見えるかもしれない。しかし、これも大切な行為であり、「何も（目的に向かって）しない」からこそ、時間を共有し、双方で豊かな時を創りあげることができるのだ。母子の場合はその双方性のなかから愛着関係も築かれていく。そこに黙って佇むことが、逆に、人に鮮明な存在感を与える場合もある。山極は、何かを成す（Doing）ことが偏重される時代において、傍に立ち在り続けること（Being）をわれわれは意識しながら関係を築くことの重要性を鋭く説いている。

佐々木さんが横山氏らのインタビューで、「風の電話」を被災者へ提供することになったきっかけを語っているのでここで引用したい。「命を与えられた自分が役に立てればと思った。大切な人を失くし悲しみの底にいる人をなんとか助けたいと思い、その人が亡くなった人へ想いをつなげることができる場を作った」。「多くの人は瓦礫の撤去をしているとき、自分は、被災者の気持ちに寄り添うことが出来ればと〝風の電話〟を完成させた」。佐々木さんご夫妻の「（訪問者へ）寄り添う」姿勢は、上記の Being の活動のあり方に近い。目に見える成果を追い求めるのではなく、悲しみのなかにある人を支える者として在り続けようとする。この姿勢は心理療法の基本とも共通している。心理療法は、クライエント（援助の対象となる人）の背景について、その現実適応力や自我機能、本人の重要な他者との関係性や対人関係の持ち方、本人が持つ資源などを丁寧にアセスメントしつつ、その特性に応じて適切な介入を試みる場合もあるが、基本は本人の力とそこから生まれる主体的な動きに注目し、その力がより確実に発揮されるよう傍で見守り支援することを目指す。「カウンセラーはクライエントの同伴者」と言われるのはこのような姿勢から来ている。この姿勢は佐々木さんのアプローチとも重なり合っている。われわれ援助職は、佐々木さんの徹底した寄り添う姿勢から、人を支援するということがどういうことかを今一度自分に問いかけてはどうだろうか。その自問は心理臨床の基本を再確認する機会となり、そしてその振り返りは今後の活動をより豊かなものへと発展させることにもつながるだろう。

(2) 訪問者を抱えるということ

私たちの日々の暮らしは慣れ親しんだ環境に囲まれながら進んでいる。その環境が安定することで日々の仕事や家庭生活を継続的に営むことができる。「環境」は人が生存するうえでとても重要な要素である。

「環境」とは、単に建物や交通などのハード面だけを指すのではない。安定した人間関係や守られた空間、その人が使える社会資源なども大切な環境の一部である。そして、赤ちゃんにとって、これから人生を始めるうえで母親という存在は自分の生命維持と成長に欠かせないものであり、最も重要な環境である。赤ちゃんは、母親、あるいは母親に変わる人に守られることで安心感を持つことができる。小児科医で精神分析医のウィニコットは、母子関係の安定した関係性を、母親によるホールディング（holding ―抱っこ・抱え包み込むこと）という概念で言い表している（註13）。この関係性のなかで赤ちゃんは、基本的信頼感をこの世界へ、そして自身に対し形成することができるとしている。この考えは、心理療法での専門家の役割にも影響を及ぼし、心理療法家がクライエントを抱えることの重要性も指摘されるようになった。心理療法家自身が、クライエントにとって揺るがない安全な環境の一部として機能することが肝要とされている。

その視点から「風の電話」を考えると、佐々木さんの「風の電話」は、二層のホールディングから成り立っているのではないかと考える。

一つは、訪問者が安心して素の自分になることを保障する場を提供する「風の電話」のボックスそのものが、訪問者にとってのホールディングの役割をしている。そして、もう一つは、「風の電話」が訪問者のグリーフワークを進めることができるよう、佐々木ご夫妻が「風の電話」を含める「場」全体をしっかりとホールディングしている。この二層の「抱える」構造があることにより、初めて「風の電話」が本来の目的である「悲嘆のなかにある人に寄り添う」という機能を確実に果すことができているのではと筆者は思っている。

「アイルランドだっけか、海岸の浜のずっと先の誰もいないところに『電話ボックスを置きたい』と言ってくる人がいるの。なに考えているんだろうね。そんなところに置いたって誰も行かないって」と佐々木さんが苦笑しながら話す。そうなのだ。単に、電話ボックスを置くだけでは、オブジェにはなるだろうが、本来の「風の電話」が機能するということはない。形だけ上滑り的なもの真似をしても、この「ホールディング」という基本的な信念がなければ、それは単なるモノでしかない。目に見えない信念を吹き込まなければ、それは大切な人を失った人々を抱きかかえる癒しの場にはならないのだ。

「風の電話」は、人を援助する上で何が重要であるかを再考する貴重な機会も提供している。援助者は見えない部分に目を向けることによって、援助のあり方や自らの姿勢を新たな視点で捉え直すことができるだろう。援助者による「寄り添い」のあり方を、「風の電話」は自らの実践を通し教えてくれる。

2、今後に向けての提言

今後も、悲しいことだが日本、世界で人間を苦しめる様々な災害や悲劇的なことが起きるだろう。その時に、当事者になって、あるいは援助者として、われわれはどうしたら良いだろうか。

今回、この本を手に取られた方のなかには、最近、大切な人を失った方もおられるだろう。長いトンネルのなかで苦しんでおられる方もいるかもしれない。この本はその方々に直接の慰めや癒しを提供することはできない。しかし、インタビューやノートのまとめから、「風の電話」を訪れた人たちが、深い喪失と心の傷を持ちつつ自分の悲しみや苦しみをずっと長い間抱いてきた様子や、「風の電話」のなかでようやく心が解き放たれ、愛おしい人への想いが語られ始める過程を伝えることはできる。「風の電話」は、私たちの喪失による悲しみや悼みは解決できるものではないこと、それぞれが自分のなかで、その悲しみと向き合い、死者を想いその人と語らうことで、遅々とした動きではあるがその人との繋がりが心のなかで賦活化され、再び共に歩みを進めることができるようになることを教えてくれる。決して焦らないこと、同時に、今の心の痛みを痛みとして抱き続けること、自分を信じること、そしてなんらかのきっかけを見出したときは勇気を持って一歩踏み出してみること、それがグリーフワーク（悲嘆の過程）という私たちの長い旅を支えてくれると、「風の電話」は読者にも語りかけているのではないだろうか。

深刻な喪失体験の人々へ援助者としてどう向き合えば良いかについては、前述した。ここで、自然災害や人災、事故や事件で大きな喪失を追った被害者に接する関係者全般の人々の対応について触れたい。援護の処置や対応は、各職種の業務に沿って行うことができる。どの時点で何をなすべきかについて、医療、行政、福祉、教育などそれぞれの分野で専門に裏付けられた具体的対応が可能である。一方で、甚大な喪失や被害に遭った人たちやその関係者へ、いつ、どのような声かけをしてよいかという対人支援の持ち方や関係性の築き方については明文化が困難で、対応する側も戸惑いを感じる。マスコミ関係の人々も、混乱と悲しみのまっただ中の被害者とのやり取りのなかでどのような留意を払うべきか迷うことも多いという。

大切なポイントは、その人のタイミングと話す内容であろう。「語るに時があり」という言葉がある。「凪の電話」のなかでさえ、自分の想いを語れない人も少なくない。深い傷を持つ人が自分の胸の内を言葉にすることはそれだけ難しいことだということを認識してもらえたらと思う。言葉とは、その人の想いが水面から上がってきて初めて可能になる。多くの人は、自身の強い感情が心のなかで嵐のように吹きまくっているため、それに言葉を当てるということは難しい。混乱の最中にある人たちには、なるべく被害のことについて「語らせない」ように留意する必要がある。「それではニュースにならない」と言うマスコミの人もいるかもしれないが、行政など業務として従事している人に報告してもらう方法を主に採用しても良いのではないだろうか。その方が客観的な情報も入手しやすい。また、被害者を守ることにもなる。ただ、なかには、注目を浴びながら「話し続ける」被害者もいる。特殊な状況で感情が高揚し、その人は言葉を発し続けることで心のバランスを取ろうとしている可能性もある。そのときは、「話し過ぎない」よう、その人のコメントをある程度で抑えることもアプローチとして重要だろう。その人は、その時点では一種の感情の解放感を得るかもしれないが、のちのち「なぜあそこまで話したのだろうか」と後悔するリスクもある。大切な人を亡くし大きな混乱のなかにある人への対応には、その人の悲しみや悼みを尊重し、一定の距離感を保ちながら、その人の「話す」準備性も見極めつつ、そっと近寄るという配慮が関係者に求められる。この部分を軽んじた対応は、被害者に二次被害や、心身の疲労の一層の過重を負わせる結果にもなる。

そっと見守る、その姿勢を、「風の電話」は私たちに教えている。

3、最後に

この世に存在するわれわれ全てに共通することとは何だろうかと考えてみた。最も厳然たる事実は、人は生まれ、そして死ぬということだ。生まれたその瞬間から人は死へと向かっているとも言われている。死は万人に平等に訪れる、最もフェアなものという言い方もされている。もちろん医療技術の革新で人は100歳まで生きられるようになるとも言われているが、100歳生きても、それは不老不死ではない。いつか必ず終焉の時が訪れ、その人の人生は終わる。

では、生と死の次に、人間が避けて通れないものは何だろうか。筆者は、それが「喪失」ではないかと思う。一生のなかで、「何かを失う」体験が全く無いという人はいないだろう。老いることも、ある意味、自分の命の衰えであり、若さや美を失う経験である。皆、何かを失いつつ、人生の最後の時までを歩んでいく。

「風の電話」は、人間にとって普遍的なこの「喪失」というテーマに直結している。この誰一人逃れられない、永遠のテーマの「喪失」は、人々に深い悲しみや苦しみ、悔い、自責をもたらす。「なぜ、〝風の電話〟がこれほど人々を惹きつけてやまないのか」の一つの答えは、誰もが味わうこの辛い喪失と悲嘆を真正面から取り上げているから、ということではないだろうか。私たちは、混乱や怖れのなかで自身の喪失体験に向き合っていく。そして各自がなんらかの答えを自分のなかに見出していかなければならない。だから、多くの人々が自分の喪失体験を見つめるために、浪板の丘を上り、「風の電話」を目指すのだ。

私たちの世界は「分断の時代」に入っているとも言われる。肌の色、言語、文化や宗教の違いが、国と国との争いを引き起こしているだけでなく、私たちの心にも垣根を作るリスクを内包している。そのなかで、「風の電話」は見えない垣根をひらりと乗り越え、深い許容性とともに、人々の多様性を受け入れ、万人を包み込む。誰が来ても良し、そして電話ボックスに入って愛おしい人と話すのもよし、黙って風に吹かれながらガーデンに佇むのもよしと、訪問者の意思と気持ちを受けとめる。ミラー先生は、これを「究極の民主主義 democratic」として、一人ひとりを大切にするその姿勢を高く評価している。この環境が在るからこそ、人は「風の電話」で自由でいられ、自身の心を解放することができる。

東北の地に、このような尊い場所があることを感謝したい。その場所が、個人の意思によって数年がかりで造られたことも特記すべきことである。今まで、どれだけ多くの人がその心の傷を癒やされたことだろう。そして、己の深い喪失体験を、「次へ」進む力へと転化していった人々に、人間の強さを見る思いがする。佐々木さんがフランクルに何かを感じたのは、このような人々の成長の姿をじっと見守り続けた経緯があるからかもしれない。

「風の電話」に、そしてそれを創設した佐々木ご夫妻のご尽力に、深い感謝と敬意を表して、この本を終えたい。

「風の電話」音楽祭 ライブ＆トーク

註

註1　坂口幸弘　『死別の悲しみに向き合う―グリーフケアとは何か―』講談社現代新書、2012年

註2　ポーリン・ボス　『あいまいな喪失とトラウマからの回復―家族とコミュニティのレジリエンス―』中島聡美／石井千賀子（監訳）誠信書房、2015年

註3　佐々木格　『風の電話―大震災から6年、風の電話を通して見えること―』風間書房、2017年

註4　マリ＝フレデリック・バッケ、ミシェル・アヌス　『喪の悲しみ』西尾彰泰（訳）白水社、2011年

註5　若松英輔　『魂にふれる―大震災と、生きている死者―』トランスビュー、2012年

註6　宮沢賢治　『宮沢賢治全集6』筑摩書房、1986年

註7　ヴィクトール・E・フランクル　『夜と霧（新版）』池田香代子（訳）みすず書房、2002年

註8　佐藤智恵　『ハーバード日本史教室』中公新書ラクレ、2017年

註9　Kaplan, L.J. : No Voice is Ever Wholly Lost. Diane Pub Co, 1995
註10　宅香菜子『悲しみから人が成長するとき――PTG』風間書房、2014年
註11　川口俊和『コーヒーが冷めないうちに』サンマーク出版、2015年
註12　山極壽一『私たちはどこにいるのか～一極化した不安　共に過ごす時間を～』朝日新聞、2017年1月1日付
註13　川上範夫『ウィニコットがひらく豊かな心理臨床―「ほどよい関係性」に基づく実践体験論―』明石書店、2012年

あとがき

この本の主人公は、丘に立つ「風の電話」を訪ねてきた人々であり、その方々と共に在る死者の方々です。私たちは、訪問者の個別の物語りが読者と共有されるようその橋渡しの役割を担いました。また、援助職の読者の方々へ、私たちの考察やまとめから、日々の援助の実践に役立つヒントを提供できればという思いで本の作成に取り組みました。

訪問者の方々の声をどこまで掬い挙げれたかについては一抹の不安もありますが、読者の方々がご自身の想像力とともに、本のなかの語りに耳を澄ませていただければ、必ず、そこから何らかの力強いメッセージを受け取ることができるのではと思っています。

ノートやインタビューをまとめる際には、個人情報の扱いに細心の注意を払いました。また、本のなかでインタビューに応じてくださった方々には、その内容の確認もいただきました。この場をお借りして、ご協力に厚く御礼申し上げます。

本を作るに当たり、寄稿を快く引き受けていただいた執筆者の方々のご支援はとても心強いものでした。お陰様で、「風の電話」の役割や機能について多面的な検討を行うことができたと思います。皆さまのお力添えに心から感謝申し上げます。

米国の東海岸と西海岸にそれぞれ在住の Miller 先生と Dyke 先生とは、遠距離のため直接お会いする機会も限られていましたが、やり取りはメールなどの方法で行い時差や地理が障害となることはありませんでした。依頼の意図を的確に読み取り、専門家の視点から貴重なご寄稿をいただきました。心からお礼申し上げます。また、Dyke 先生の原稿の監訳については、長年米国にて地域精神保健分野の第一線で活躍され、被災者支援のNPO団体活動へも以前より貴重なご助言をいただいている臨床心理学者、本間 True 玲子先生にもご支援をいただきました。先生の変わらぬ温かいサポートに厚く御礼申し上げます。

最後に、一冊目の本の出版時から、根気強く「風の電話」の活動が文字として形を成していく過程を見守っていただいた風間書房の風間敬子社長に心から感謝の意を表したいと思います。

秋風に包まれて

2018年10月

矢永　由里子

「風の電話」とグリーフケア
――こころに寄り添うケアについて――
二〇一八年一〇月三一日　初版第一刷発行
二〇一九年一二月二五日　初版第二刷発行
編著者　矢永由里子
　　　　佐々木格
発行者　風間敬子
発行所　株式会社　風間書房
101-0051 東京都千代田区神田神保町一―三四
電話　〇三―三二九一―五七二九
FAX　〇三―三二九一―五七五七
振替　〇〇一一〇―五―一八五三
印刷　堀江制作・平河工業社
製本　高地製本所

NDC 分類：146
ISBN978-4-7599-2239-4　Printed in Japan

執筆者紹介

《編者》

矢永　由里子

・臨床心理士。慶應義塾大学医学部感染制御センターに勤務
・HIV/エイズ領域の心理臨床に従事。また、薬害エイズ被害者活動支援事業：遺族等相談事業に、専門家相談員として20年間携わる。
・東日本大震災後に岩手県大槌町の住民支援のための認定NPO法人「心の架け橋いわて」活動に参画する。また、支援団体を対象とした住民支援のスキルアップのための養成研修等を行う。現地支援者のニーズを踏まえ、「支援者のためのサポートガイド」を作成した（日本学術振興会研究費補助金　基盤研究　C：風間書房、2016）。現在も東北、九州などの被災地の支援者に心理職も含め活用されている。
・著書は、『心理臨床実践』（編）（誠信書房、2017）、『がんとエイズの心理臨床』（共編）（創元社、2013）、『医療のなかの心理臨床』（編）（新曜社、2001）等。

佐々木　格

・岩手県釜石市生まれ。その後、大槌町浪板へ移住。
ガーデンデザイナーとして2000年にベルガーディア鯨山を開設。
2011年4月に「風の電話」を設置。翌年、「森の図書館」を開館。
・2015年2月に大槌宮沢賢治研究会を発足させ、9月に第25回宮沢賢治イーハトーブ奨励賞を受賞。同年、子どもたちへの図書の普及活動に対し、「マイクロライブラリーアワード特別賞」（大阪府立大学）を受賞。
・2015年9月「風の電話」ＣＤ制作
2017年8月『風の電話』出版（風間書房）

《執筆者》（アルファベット順）

Craig Van Dyke, MD

Professor and Chair Emeritus, Department of Psychiatry
University of California San Francisco
Activity/Interest:
Since 2008 Dr. Craig V. Dyke has worked in China and Japan on disaster recovery.
He is currently a Guest Professor at the Institute of Disaster Management and Recovery at Sichuan University in China.
Books:
Emotions in Health and Illness: Foundations of Clinical Practice. Edited by Temoshok L, Van Dyke C, and Zegans L. Grune and Stratton, New York City, 1983.
Emotions in Health and Illness: Applications to Clinical Practice. Edited by Van Dyke C, Temoshok L, Zegans L. Grune and Stratton, New York City, 1984.

浜垣　誠司

・医師。医療法人高木神経科医院理事長・院長
・精神科全般の診療を行っているが、特に摂食障害、PTSD等を専門としている。
・宮沢賢治愛好家としては、2008年にWebサイト「宮澤賢治の詩の世界」で宮沢賢治賞奨励賞受賞。東日本大震災後、復興支援のためのイベント「イーハトーブ・プロジェクトin京都」を5年にわたり京都市で行った。

長谷川　朝穂

・医師。社会医療法人公徳会若宮病院院長、一般社団法人日本精神科救急学会理事、認定 NPO「心の架け橋いわて」副理事長
・阪神淡路大震災に際し千葉県医療救護班の一員として神戸市に派遣。東日本大震災に際して山形県こころのケアチームの一員として岩手県大槌町に派遣された経験から、被災地支援は長期間必要であると実感し、「心の架け橋いわて」の設立に加わり現在に至る。

Ian Jared Miller, PhD

Professor of History, Harvard University

Activity/Comment:

Dr. Ian J. Miller teaches courses on Japanese and environmental history.
He is proud to have once called Iwate Prefecture home.

Book:

The Nature of the Beasts: Empire and Exhibition at the Tokyo Imperial Zoo and co-editor of *Japan at Nature's Edge: The Environmental Context of a Global Power*

井上　志乃

・臨床心理士。東京労災病院に勤務
・主に勤労者を対象に、面談や心理検査に携わる。
がん罹患やメンタル不調に対する治療と就労生活の両立支援を行いつつ、勤労者のメンタルヘルス不調の予防に関する研究に取り組んでいる。

中田　信枝

・精神科認定看護師。精神科認定看護師としては行動制限最小化看護を専門領域とし、隔離・身体的拘束をはじめとした行動制限を最小化するために活動している。
・阪神淡路大震災を被災後に看護師を目指す。
・2012 年より認定 NPO 法人「心の架け橋いわて」に所属し岩手県大槌町での支援活動に参加。

鈴木　満

・医師。外務省メンタルヘルス・コンサルタント
・1987-92 年、故ダイアナ妃をパトロンとする英国神経研究基金等の奨学金によりロンドンで神経再生研究に従事。
・岩手医科大学准教授を経て 2009 年より現職。これまで世界 100 都市以上を訪問し、海外邦人のメンタルヘルスケアに携わる。震災後は週末に大槌町にて支援活動を継続中。認定 NPO 法人「心の架け橋いわて」理事長。
・監訳書は『巨大惨禍への精神医学的介入』（リチー E.C. 他著、弘文堂、2014）等。

塚本　裕子

・臨床心理士。尾山台すくすくクリニック（児童青年精神科）に勤務
・児童期、青年期の患者やその家族とのカウンセリング、心理検査などに携わる。
精神科医療や家族支援に関心を持ち、子どもの心の健康に効果的な心理支援に取り組んでいる。

Greiving in the Phone Booth of the Wind

Craig Van Dyke, MD

On May2, 2014 I departed Tokyo station on the Tohoku Shinkansen (bullet train) Hayabusa 67 heading for a rendezvous with the non-profit Kokorogake team that was providing psychological support for the survivors of the March 11, 2011 tsunami that struck Otsuchi. The tsunami was estimated to be 40 feet in height and engulfed the town in 30 minutes. The tsunami destroyed everything in its path and claimed the lives of approximately 10% of the 15,000 people who lived there. Many victims were never found.

I got off the train in Morioka where I met Dr. Mitsuru Suzuki, a psychiatrist at the Ministry of Foreign Affairs, who directs the team on a volunteer basis. After lunch we set off with other team members for the three-hour drive through the beautiful Tono Valley, lined with cherry trees in full blossom, to Kamaishi where we spent the night. The next morning we headed for the foothills outside Otsuchi and the dedication ceremony of the Phone Booth of the Wind at the Belle Gardia Kujirayama estate of Itaru Sasaki. The day was crystal clear, and from the estate it was easy to see the bay in the far distance where so many people had lost their lives. Belle Gardia is a magnificent rendering of an English garden complete with an English styletelephone booth that Mr. Sasaki rescued in 2007 from a commercial shop that was being demolished. Initially he intended it as a sculptural element, but later he installed a rotary phone that could use the wind to transmit his feelings to his cousin who died from cancer in 2010. Following the Fukushima disaster in 2011, he realized thetelephone booth presented an opportunity for survivors to communicate privately with their lost loved ones. It was fanciful yet practical, and it didn't involve a

fraudulent medium conducting a seance to summon the spirits of the dead that was so common in the late 19th and early 20th Centuries. Rather, the Phone Booth of the Wind represented a socially appropriate, transparent, and honest method for survivors to re-establish a communication link with the dead. It was brilliant! The phone booth was intended for individuals to speak with family, friends, and pets who had perished in the tsunami. The ceremony that day was multi-generational with talks, music, and people lining up to make calls to their lost loved ones. It was incredibly touching.

My initial view was that Mr. Sasaki's idea was extremely creative, but in all honesty I thought it would have little utility beyond the local populationbecause of Otsuchi's geographic isolation. Little did I suspect that it would gain international recognition with people from all over the world making the pilgrimage to speak with lost loved ones. My limited imagination hit home a couple of years later when I was having dinner with my younger son, a San Francisco Bay Area psychiatrist. He brought up the Phone Booth of the Wind that he had seen on TV and heard about on the radio and wondered if I was familiar with it. I was completely blind-sided.

Luckily, Dr. Yuriko Yanaga invited me to write a commentary for her book, and I now have an opportunity to make sense of this phenomenon and discuss its popularity from the perspective of a psychiatrist. The first issue that comes to mind is the importance of human attachment that is rooted in our biology and has evolutionary significance, since it is necessary for both procreation and for the survival of infants and children. But attachment also has psychological, social and cultural significance. It gives life meaning and value, but it comes with an emotional price, and the bill comes due at the moment of loss. To lose a loved one is exquisitely painful. Anger, protest, anxiety, depression, psychic numbing, crying, disorientation, inattention,

sleep disturbances, loss of appetite, and transient auditory and visual hallucinations of the lost person are all known to occur. Individuals may be symptomatic for years and some never recover. Even for those who recover, their sense of self and the world is permanently changed. It is the end of denial that horrible outcomes will never happen to them. "Why did this happen to me?"

Is it any wonder when faced with loss, individuals have a desire to resurrect an earlier and more secure past and for a brief moment to re-experience the lost loved one as alive! It represents an understandable longing to communicate with the deceased about their love, enduring attachment, unexpressed thoughts and feelings including requests for forgiveness over unresolved issues, and their current life situation. The frequency of this desire is attested by the popularity of books, techniques, and equipment for communicating with the dead. We see it also when professional athletes point to the sky during an in-gamesuccess as if to say, "Wherever you are in the afterlife mom or dad, my triumph is a tribute to you!"

While grief is universal its expression is altered by culture. In Japan Confucius and Buddhist teachings emphasize the importance of filial piety and family loyalty. As a result ancestral veneration is a common aspect of Japanese life. Many Japanese can trace their family lineage back several centuries and in a few instances over a millennium. Households frequently have a Butsudan, a small Buddhist altar, prominently displayed where daily rice bowls are offered to their ancestors. One of the sacred duties of the eldest son is tending the family gravesite. As an example of how strong this connection can be, a Japanese colleague described to me his constant mental dialogue with his ancestors, who hover over him providing constant protection and guidance during his daily life. They are quite real and comforting, and he is attached to them in much the same way he is to

the living members of his family. In fact, he conceptualizes his life as occupying a mere moment in the long heritage of his family. He stands on the shoulders of his ancestors just as his heirs will stand on his shoulders. It is his family duty to honor them and to be humble about his considerable personal accomplishments because of his debt to them.

But for a psychiatrist the most fascinating aspects of the Phone Booth of the Wind are the questions it raises about its relationship to psychotherapy and the nature of communication. Why does speaking out loud into a telephone that has no tangible connection to anyone bring relief to grieving individuals?

A psychotherapist strives for accurate empathy, namely getting to know the other person so well – their personal narrative, social network, values, life situation and ways of thinking about the world – that the therapist can literally put herself in the other person's shoes. It is a powerful therapeutic experience when a therapist is able to demonstrate her in-depth understanding of the other person by accurately predicting how they will evaluate and react to a difficult situation they are facing. Accurate empathy cuts into the person's existential aloneness, engendering trust, acceptance, and security from being known. It brings into the open repressed thoughts and feelings, and most of all produces psychological growth.

At other times a therapist can offer advice or an insight into motivation, behavior, or emotions that completely changes a person's perspective. On many occasions I have had a patient tell me, "A while back you said something that completely changed my life." Invariably I have no clue about which one of the many things I have said in the course of therapy had an impact. But from time to time a concept hits home and a patient can completely revise their personal narrative, see their life in a new light, and find a different path forward. At other

times there is an emotional catharsis in the presence of a supportive and understanding therapist. This catharsis is the equivalent of lancing an abscess; the puss pours out and the wound from the past can begin to heal.

But in the Phone Booth of the Wind there is no therapist, there is no accurate empathy, and there is no advice, reframing, or interpretation. There are common elements, of course, namely a confidential setting, audible speech, and emotional outpouring. It is a form of expressive or imaginative therapy without a therapist.

As a solitary setting, the telephone booth may facilitate expression of socially undesirable aspects of self that might otherwise be inhibited by concerns about being judged harshly if a therapist were present. Speaking out loud requires the grieving individual to bring unconscious or preconscious mental processing into conscious awareness for cognitive processing. The blanks must be filled in and the dots of a narrative connected to produce cogent and coherent communication. It requires selection of words, explanation, rationale, and description so that the other person understands. But in getting the communication into the audible world, hidden compartments of the mind are unlocked and emotions released. Listening to self and experiencing emotional outpouring also produces a feedback loop that allows the grieving individual to monitor, examine, and gain information about themself. Each verbal representation, emotion, and physiologic reaction is a revelation to self that presents an opportunity for both introspection (i.e., conscious thinking about thinking) and unconscious mental processing. It allows the individual to synthesize and integrate the new information, to order a disordered part of the psyche, and to heal. The relationship with the lost loved one continues but in a revised form.

What about communication! The standard definition of

communication is to express thoughts and feelings to another person in a form that they understand. When it is not understood it is defined as miscommunication. Does speaking out loud in the Phone Booth of the Wind knowing full well that it is not physically connected to the intended party represent communication? Is it necessary for the message to be received and understood by the intended party to be therapeutic or is the belief that this has occurred sufficient? One advantage in communicating with the dead is that there is little likelihood of a rebuttal that interferes with the preconscious conviction that the message was received, understood, and accepted.

The attraction and therapeutic power of the Phone Booth of the Wind resides in the commitment to make the pilgrimage and the socially sanctioned permission to express thoughts and feelings that have been bottled up inside; unable to find a proper mode of expression until the sanctity of the telephone booth is reached. It is solitary grief workwhere audible communication of innermost thoughts and feelings occurs with both the self and the lost loved one, who for a brief moment is brought back to life by the human imagination. For his insight and efforts, Mr. Sasaki deserves a sincere debt of gratitude from grieving individuals.

Kaze no Denwa Goes to Harvard

Ian J. Miller, PhD

Sasaki Itaru's "wind telephone" is one of the most powerful teaching tools that I use in my courses on Japan's "triple disaster"—earthquake, tsunami, and nuclear crisis—of March 11, 2011.[1] Teaching about March 11 requires students to engage with difficult questions that may feel alien or imponderable: nuclear crisis and radiation contamination, mass disaster and dislocation, the unavoidable fact that at some point in our lives each of us will lose someone whom we love. At a time when higher education in the United States has become obsessively focused on so-called STEM fields (science, technology, engineering, and mathematics) with an unblinking eye on narrow economic concerns, we have lost sight of the importance of the humanities. In our rush to render young men and women into efficient workers, we cut them off from rich traditions and cultural worlds that could enliven their minds and help them to find resilience in turbulent times. We lose track of the fact that empathy, thoughtful consideration, and intellectual creativity are essential to success in life, and that they can be taught. Economies and technologies change quickly and unpredictably, but certain questions remain fundamental. What does it mean to lose someone we love, for example? To consider bereavement is to consider what it means to be alive—to be the one "left behind." Death creates survivors. This is where Sasaki Itaru's "Kaze no Denwa" comes into our class. It is a mechanism for the exploration of humanity and the losses that define it. It is a means of beginning to help students to understand life in Japan in the wake of March 11.

In certain ways, a particular version of Japan is familiar to many

---

1: I would like to thank Ryo Morimoto of Princeton University for first introducing me to the Kaze no Denwa.

Harvard undergraduates. This is a generation who have instant access to a host of *anime* via online streaming services. They come to our classes as experts in "cool Japan," aficionados of *One-Punch Man* (ワンパンマン) and *Rorouni Kenshin*. Some may even know the work of authors and artists such as Murakami Haruki or Murakami Takashi. And so, we begin the module on March 11 in my class on Asian environmental history by reading a translation of Tatsuta Kazuto's *manga*, *Ichi-F*. Tatsuta's "workers' memoir" (労働記) is one of labor and camaraderie in the midst of a lethal landscape, and it tilts students away from fantasies of Japan towards real problems using a medium that they enjoy. The "wind telephone" does something similar. Students first hear about Sasaki's creation via National Public Radio (NPR) reporter Miki Meek's excellent 2016 podcast "Really Long Distance," produced as part of the well-known radio program *This American Life*.[2] Meek translated interviews from an NHK program to bring the story of Sasaki's phonebooth to an English-speaking audience. We use it to put students "on the ground" in northern Tōhoku in the aftermath of disaster. We use it to allow students to share the humanity of the men, women, and children who step into the phonebooth—people whose environs may feel quite foreign to many Harvard undergraduates, but whose emotion communicates clearly across cultural and geographic distance. This immediacy is the power of Kaze no Denwa in the classroom.

In academic terms, students analyze the telephone booth as a form of memorial. We begin by asking students: "What, exactly, do you think is being memorialized in Sasaki's creation?" The most obvious answer, of course, has been provided by Mr. Sasaki himself, who has offered heartrending descriptions of the origin of Kaze no Denwa. But when Sasaki kindly opened the phonebooth's door to other people he

2: Miki Meek, "Really Long Distance," September 23, 2016 in This American Life podcast, MP3 audio, 22:00, https://www.thisamericanlife.org/597/one-last-thing-before-i-go/act-one

also opened the door to diverse memorializations. We ask students to explore that variety as a means of beginning to understand the diversity of Japanese experience—to confound the idea that Japan is "homogenous"—and as a means of helping students to explore their own place in the world. We encourage them to consider many aspects of the crisis of 2011. Our broadest hope is to help them to begin to think about responses to crisis that are healthy, respectful, and generative, just as Sasaki's response to loss was a spark to creation.

One goal in the module is to disaggregate the compound of events that we typically call "March 11" in English, "Higashi Nihon Daishinsai" in Japan. There can be no single "correct" way of framing this pivotal moment in Japanese history, even though we give it one name. The thing is too big for one answer, and so we help students break it into segments—a technique that is useful when confronting many difficult problems in social scientific or humanistic analysis. In order to sketch the basic components of "March 11" students explore topics ranging from disaster mitigation policy and national energy policy to urbanization, aging and rural depopulation, metropolitan demand for Tōhoku's marine products, and of course the cultural history of memorialization. As they engage with these topics, students come to understand that natural disasters are always at once social and individual. They are shared in a certain sense: tens of thousands lost loved ones on March 11 and in the days afterwards. Many millions more participated emotionally in the media event that became the "Higashi Nihon daishinsai." Mr. Sasaki's marvelous memorial reminds students that catastrophe is also deeply personal. The individual stories spoken into the wind in Ōtsuchi make this point clearly.

Disasters are also political. They are about power and resources, who gets them and who does not. In seeing how the local dynamics interact with prefectural or national policy in places like Ōtsuchi, Iwate or in Namie, Fukushima, students learn that we are able to comprehend different things—to ask different kinds of questions—when we look

at events at different scales. The interests of the government or large companies in Tokyo are not always synonymous with the interests of the people who speak into the Kaze no Denwa. The telephone booth helps Harvard students—many of them on their way to high-power careers—to understand that "policy" and "analysis" are not abstractions. They impact real people. This is one way that we cultivate empathy.

Memorials are a marvelous site for the study of such complicated cultural politics. Memorials can bind communities together, linking the local and the national. As such, they are often the focus of official attention. Governments sponsor memorials as a way to generate a shared sense of national identity, and sometimes to repress regional identities in the process. Sometimes they use them to hide unsavory aspects of the past, too. Who gets memorialized and who does not? This is a political question. Such issues are the focus of the historian Pierre Nora's famous analysis of French "sites of memory" (*lieu de mémoire*).[3] These "sites of memory," Nora argued, are often crafted by powerful interests into symbols of shared patrimony. They bring local or individual stories into the service of a national purpose. We all know of such sites: the Tomb of the Unknown Soldier in Arlington National Cemetery in the US, the Hiroshima Peace Memorial Park, or the various UNESCO World Heritage sites found around the world, for example. Yasukuni Shrine is a *lieu de mémoire*. Such sites are never purely neutral. They serve particular interests. Our students read Nora's work alongside articles from Japanese newspapers and articles on memorials in Japan. They look at the ways that diverse local memories and histories in Japan and elsewhere have been gathered together and homogenized in order to create a national "Japanese" memory. Students quickly understand the risks: not only is there a possibility that local experience will be lost in the media spectacle of "March 11." There is

3: Pierre Nora, "Between Memory and History: Les Lieux de Mémoire," Representations 26 (Spring 1989): 7-24.

a very real risk that, when viewed from Tokyo, northern Tōhoku will be thrown into the shadows of the other major component of the "triple disaster": Fukushima Daiichi. What kind of memorial or system of commemoration would allow for each of the diverse components of the March 11 catastrophe to maintain its integrity, while also serving to bring people together? In the best cases, memorials help to resolve the grief and alienation that comes after disaster. In such cases, they can sooth individual suffering by giving it broader social meaning.

This is the final project for our students: "Design a memorial focused on some aspect of the 'triple disaster.' Justify your choices. Tell us who is memorialized, who is not, and to what ends." Students are asked to analyze Mr. Sasaki's humble, powerful, personal phonebooth alongside grander sites. Students are asked how the Kaze no Denwa works and why it works so well. It is worth noting that they universally *love* the phonebooth. It is their favorite memorial. We ask them why they find it to be so powerful, and their answers are as diverse as the class itself. Our group this semester included students from seven countries (China, India, Japan, South Korea, Taiwan, and Thailand) and nearly all regions of the United States. One student observed that the telephone booth worked very much like a Catholic confessional, a mediated link between this world and another, where the act of speech provides a therapeutic function. "It may also offer some sense of absolution," he observed. Another student focused on the similarities to the *butsudan* found in her own home in Tokyo. Several others explored the ritualization of the act of dialing a phone. "This is how most people spoke with their lost relatives when they were alive," one student noted. "The phonebooth takes that familiar thing and uses it to break the taboo of speaking with the dead." We then considered whether or not they think that this ritual mechanism would work in their home countries. One commentator noted that he thinks that all American churches should have a "wind telephone" in their gardens or cemeteries. Another noted that the rural location might allow for a

sense of pilgrimage, the important act of leaving a familiar place in pursuit of spiritual goals. Finally, a young woman argued that Kaze no Denwa was ultimately "democratic." It allows anyone who enters to speak with whomever they choose. The act of giving voice is shared, but the specific stories spoken into the phone remain personal.

In the end, this is what I had hoped for when I introduced them to the idea of a telephone with nobody—or perhaps someone?—on the other end. That they would take the idea home with them and use it to better understand their own worlds. And that they might also learn something new about Japan and Tōhoku, a place that I once called home, and which has much to offer to students in Cambridge, Massachusetts. A fact that is demonstrated by Mr. Sasaki's brilliant memorial.